Dirección estratégica en países emergentes

Coordinación editorial:
DÉBORA FEELY

Diseño de tapa:
DCM DESIGN

ROBERTO S. VASSOLO
LUCIANA SILVESTRI

Dirección estratégica en países emergentes

Elementos fundamentales
para plantear el crecimiento
de las empresas latinoamericanas

GRANICA

BUENOS AIRES - MÉXICO - SANTIAGO - MONTEVIDEO

© 2011 *by* Ediciones Granica S.A.

BUENOS AIRES   Ediciones Granica S.A.
Lavalle 1634 - 3° G
C1048AAN Buenos Aires, Argentina
Tel.: +5411-4374-1456
Fax: +5411-4373-0669
E-mail: granica.ar@granicaeditor.com

MÉXICO   Ediciones Granica México S.A. de C.V.
Valle de Bravo N° 21
Col. El Mirador
53050 Naucalpan de Juárez, México
Tel.: +5255-5360-1010
Fax: +5255-5360-1100
E-mail: granica.mx@granicaeditor.com

SANTIAGO   Ediciones Granica de Chile S.A.
Padre Alonso Ovalle 748
Santiago, Chile
E-mail: granica.cl@granicaeditor.com

MONTEVIDEO   Ediciones Granica S.A.
Scoseria 2639 Bis
11300 Montevideo, Uruguay
Tel: +5982-712-4857 / +5982-712-4858
E-mail: granica.uy@granicaeditor.com

www.granica.com

ISBN 978-950-641-611-9

Hecho el depósito que marca la ley 11.723

Impreso en Argentina. *Printed in Argentina*

Vassolo, Roberto S.
   Dirección estratégica en países emergentes : elementos fundamentales para plantear el crecimiento de las empresas latinoamericanas / Roberto S. Vassolo y Luciana Silvestri. - 1a ed. - Buenos Aires : Granica, 2011.
   208 p. ; 22x15 cm.

   ISBN 978-950-641-611-9

   1. Administración de Empresas. I. Silvestri, Luciana
II. Título
   CDD 658

*A mis maestros Alejandro Carrera
y Guillermo Perkins*
R.S.V.

*A mi familia y a mis mentores,
por su fe y generosidad*
L.S.

ÍNDICE

PREFACIO

Un libro es un diálogo entre los autores y los lectores. Es un punto de encuentro que actúa más como lugar de partida para nuevos horizontes que como línea de llegada. Como en todo diálogo, existe un tema y distintas perspectivas. A su vez, el diálogo no agota el tema. A pesar de que tenga un contenido concreto, no consiste en un reservorio de conocimientos sino en un eslabón en el proceso de desarrollo entre autores y lectores.

Este libro en particular nació en las aulas del IAE, dentro del marco de diálogo sobre los problemas de estrategia de las organizaciones. Mientras avanzábamos en nuestro conocimiento del tema, surgió la oportunidad de ir poniéndolo por escrito para facilitar la construcción futura.

También nació como necesidad. La mayor parte del material disponible para los cursos de estrategia en las escuelas de negocio es producto de estudios provenientes del mundo desarrollado. Pero los alumnos latinoamericanos enfrentarán problemas distintos de los que encontrarán en su camino quienes se hayan preparado para liderar empresas en Estados Unidos, Europa o Japón. Por tratarse de contextos de negocios muy diferentes, un libro sobre estrategia debería reflejar estas circunstancias.

Con esta necesidad en nuestras manos, empezamos el camino para presentar un conjunto coherente de conceptos que faciliten las tareas de planeamiento estratégico en Latinoamérica. Los primeros pasos los dimos en enero de 2006, y desde entonces cada capítulo de este libro ha ido recorriendo infinidad de veces el camino de escritura-aula-reescritura.

El énfasis de esta obra reside en facilitar las tareas de diagnóstico y formulación estratégica. Sin embargo, cuando corresponda, haremos mención a aspectos que específicamente podrían definirse como problemas de implementación.

El mayor desafío conceptual se nos ha presentado al articular contenidos con procesos, o lo que los economistas caracterizarían como elementos estáticos y dinámicos. La vida es cambio, es proceso, es dinamismo, pero estos cambios no son anárquicos, sino relativamente ordenados. Por ello es posible elaborar con cierta confianza programas para el futuro. Si la realidad tiene procesos detectables, y que se repiten regularmente, comprenderlos es el primer paso para interpretar el futuro. Así, al escribir el libro, entendíamos que debía estar regido por la perspectiva dinámica.

Pero la realidad es altamente compleja, por lo que es necesario contar con diferentes imágenes del presente, y ordenarlas para poder abordarla. Agrupar la realidad de negocios en contenidos específicos es ya un modo de entenderla, aunque no se consideren los procesos evolutivos que la regulan. Este trabajo de agrupamiento y ordenamiento es antes una labor de contenidos que de procesos. La obra debía tener, entonces, un amplio análisis estático.

En general, hemos tratado de cuidar que ambos aspectos, contenidos y procesos, se encontraran adecuadamente cubiertos a lo largo del libro. ¿Estamos contentos con el resultado? Confesamos que no del todo, porque entendemos que estamos en un camino de búsqueda. Pero nos sentimos seguros al afirmar que, con la estructura actual, el libro llevará al lector paulatinamente por los aspectos que consideramos más relevantes a la hora de entender las situaciones competitivas y formular estrategias organizacionales. Para ello, el texto sigue un camino ascendente, desde lo más simple (la unidad de negocios) hasta lo más complejo (el portafolio corporativo). Empezamos así por las notas salientes de la estrategia competitiva para luego pasar a la estrategia corporativa.

El principal destinatario de este libro es el empresariado latinoamericano. Intenta ser una herramienta importante en el momento organizacional de armar la estrategia. También puede ser de utilidad como soporte conceptual en cursos de grado y postgrado relacionados con el análisis y la formulación estratégica.

Somos los autores los únicos responsables de todo error que este libro pudiese contener. Lo verdadero y bueno que el libro contenga se lo debemos a muchos, y a ellos van nuestros agradecimientos. Un especial agradecimiento a los profesores que nos han precedido temporalmente en el desarrollo del contenido estratégico; esto es: a nuestros maestros. Y queremos también agradecer a nuestros alumnos, origen y final de estas páginas. Maestros y alumnos nos acompañan en el camino hacia una mejor comprensión de la naturaleza de las organizaciones y, así, servir mejor a la sociedad.

PARTE I

FUNDAMENTOS
DE LA ESTRATEGIA

La primera pregunta que debemos hacernos al pensar en estrategia es: ¿Qué entendemos por estrategia? Las preguntas no son ociosas, ya que pocas palabras dentro de la realidad de los negocios tienen tanto uso y a su vez son tan imprecisas. El adjetivo "estratégico" se ha convertido en una muletilla que usamos junto a cualquier concepto con la intención de infundirle seriedad. Cuanto más nos referimos a algo como estratégico, más diluimos el verdadero significado de la estrategia. A lo largo de esta nota técnica trataremos de infundirle contenido y precisión.

Comencemos con una definición simple: *hacer estrategia es pensar ordenadamente en el largo plazo, estando bien anclados en el presente.* La estrategia nos invita a salir del día a día y ponernos con perspectiva de mayores plazos. Esta es su primera nota característica. Ahora bien: pensar en el largo plazo, pero ¿sobre qué? Fundamentalmente, sobre los temas centrales que hacen a la supervivencia y el desarrollo de una organización. Esto involucra dos procesos: 1) encontrar los temas. y 2) darlos a conocer a otras personas. El primer proceso demanda interpretar la realidad, identificar los temas relevantes, diagnosticar la posición de nuestra organización en relación con cada uno de ellos, y formular planes. El segundo proceso exige comunicar los temas a toda la organización, de tal manera que los planes se conviertan en acción. En la práctica, estos procesos no son absolutamente lineales, sino que transcurren en forma paralela y se interrelacionan con frecuencia. El primer proceso, de *diagnóstico y formulación estratégica,* presenta un amplio campo para el pensamiento y el contenido estratégicos; el segundo, de *implementación,* da lugar a la comunicación, la motivación y el liderazgo. A lo largo de varias notas técnicas, nos centraremos en el primer proceso y proveeremos algunas notas acerca del segundo.

El contenido concreto de los temas en los que se centrará una organización es absolutamente idiosincrásico y cambiará de tiempo en tiempo y de organización en organización. Sin embargo, los temas pueden agruparse en categorías relativamente genéricas. Una categorización inicial consiste en distinguir entre temas del entorno y temas internos de la organización. Los primeros suelen subdividirse en temas de la industria y temas del país. Algunas veces, conviene subdividir la industria en grupos estratégicos. Los temas internos tendrán que ver con cuestiones relacionadas con la cadena de valor de la organización y con el desarrollo de sus capacidades.

Una vez identificados los temas, reflexionar, formular planes y guiar la acción no son actividades que ocurran en el vacío. Por el contrario, están enmarcadas en un fenómeno industrial que signa la vida de las organizaciones: la dinámica de *innovación radical-imitación.* En su búsqueda por satisfacer las necesidades humanas, personas y organizaciones generan cambios radicales en el modo de hacer las cosas, es decir: innovaciones. Cuando estos cambios son viables comercialmente, generan valor, el cual se reparte entre los consumidores y la empresa innovadora. Este proceso de generación y captura de valor es un poderoso imán que atrae al mercado a otras personas y organizaciones. Así se desata una ola de imitación que, en principio, puede mejorar el modelo de generación de valor, pero que, finalmente, erosionará la parte de valor capturada por el innovador. Esta erosión disminuye la atractividad del negocio e impulsa a las personas y organizaciones a pensar en nuevas formas de atender la necesidad original.

La dinámica industrial de innovación-imitación tiene su correlato organizativo en procesos de *exploración* y *explotación*, mediante los cuales las organizaciones descubren nuevos horizontes y perfeccionan los actuales. Estos procesos se encuentran íntimamente relacionados con las tareas de diagnóstico y formulación de la estrategia.

A lo largo de este libro iremos abordando tanto temas que hacen al contenido de la estrategia como temas que hacen a los procesos subyacentes de la industria, el país y las organizaciones. En esta primera sección, profundizaremos en el concepto de estrategia, daremos las notas salientes sobre la naturaleza de las organizaciones, describiremos en detalle la dinámica de innovación-imitación y los procesos de exploración y explotación, y examinaremos algunas particularidades que se presentan al hacer estrategia en una economía emergente.

CAPÍTULO 1

EL CONTENIDO DE LA ESTRATEGIA

El estratega debe identificar los temas esenciales para una organización, y transmitírselos a todos sus miembros para orientar la acción grupal con miras a lograr el éxito organizacional. Los temas no estarán flotando en el aire, sino que tendrán como objetivo sostener la identidad de la organización. Por eso, en este capítulo empezaremos por analizar aspectos más generales que hacen a la identidad de una organización, para luego reflexionar acerca de los grandes grupos en los cuales se puedan clasificar los temas estratégicos: el sector, el país y las capacidades.

1.1. Misión, visión y estrategia

Hablar de estrategia implica considerar algo muy importante: el logro del *éxito organizacional.* Toda iniciativa que haga referencia directa al éxito de la organización debería, en principio, entrar en el campo de la estrategia. Pero, ¿qué se entiende por éxito organizacional? En primer lugar, lograr la satisfacción de todas aquellas personas o instituciones que, de alguna manera, estén involucradas con la organización.

Estos grupos de interés o *stakeholders* incluyen a empleados recién iniciados, mandos gerenciales, clientes, proveedores, accionistas, el Estado y el resto de la comunidad. Visto en estos términos, el éxito organizacional es muy difícil de obtener: los intereses de cada grupo tienden a ser divergentes y de difícil armonización.

- Los accionistas buscan obtener el mayor retorno posible de sus inversiones.
- Los empleados desean recibir un sueldo digno, beneficios y un buen equilibrio entre su vida profesional y personal.
- Los clientes quieren pagar el menor precio posible y obtener la mayor calidad.
- Los proveedores buscan vender insumos a un costo ventajoso.
- El Estado desea recibir el pago de impuestos en tiempo y forma, y asegurar el cumplimiento de las leyes.
- La comunidad desea el bienestar de su gente, lo que implica, entre otras iniciativas, aumentar la calidad y seguridad de los productos, bajar los niveles de contaminación y mantener una considerable cantidad de puestos de trabajo.

Estos son solo algunos de los deseos y expectativas que hacen al éxito organizacional desde el punto de vista de cada uno de los grupos de interés. Es fácil advertir que, de intentar cumplir el 100% de las exigencias de todos, sería difícil que la organización operara con eficacia. Sin embargo, negar el espacio que le corresponde a algún grupo o evitar reconocer sus intereses particulares también suele generar fricciones con graves consecuencias para la organización como un todo.

Con esta aclaración avanzamos algo (pero no mucho) en el objetivo de ponerle contenido a la estrategia: los grupos de interés son tantos, que podríamos caer en el riesgo de diluir el concepto de estrategia. Es importante comprender que la satisfacción de los grupos de interés no es una tarea anárquica, sino que tiene un hilo conductor: la *misión organizacional*. Una organización satisface necesidades múltiples por medio de una historia homogénea enmarcada en el concepto de misión o, también, de *identidad organizacional*. Utilizaremos ambos términos, misión e identidad, indistintamente.

Las empresas tienen una identidad, un modo de ser que está presente en todas sus acciones. La identidad organizacional incluye un *conjunto de valores* sobre la base de los cuales operan los miembros de la organización, y una *forma particular de agregar valor* que da fundamento al modo de hacer negocios. Por lo tanto, la identidad está asociada a la dimensión humana de la organización, en tanto que abarca aspectos sentidos y compartidos por todos sus miembros, y también a la dimensión de las operaciones, ya que hace evidentes las pautas con las cuales la empresa se desempeña en su sector.

La identidad comienza a definirse en los primeros años de la organización, en general con una fuerte impronta de sus fundadores. La identidad evoluciona a medida que la organización crece y se desarrolla, pero puede, eventualmente, perder su razón de ser cuando la forma en que la organización agrega valor se vuelve obsoleta. Conocer la identidad de una organización es primordial a la hora de plantear la estrategia ya que, de no estar ambas alineadas, su implementación rara vez será exitosa.

Dicho esto, podemos definir la estrategia como un *conjunto de iniciativas de la organización que tiene como objetivo el cumplimiento pleno de la misión o identidad organizacional.*

Sin embargo, la misión –que hace referencia a los aspectos más permanentes de la organización– debe actualizarse y especificarse.

Un primer paso en esta dirección es la redacción formal de la misión organizacional, lo que se conoce como el enunciado de la misión o *mission statement*. Para quienes pertenecen a una organización, esta versión explícita de la misión es fuente de inspiración y de unidad. Para quienes están afuera, brinda una idea concreta sobre la razón de ser de la organización. Sin embargo, la versión explícita de la misión es incapaz de abarcar todo lo que la misión implica. Hay dimensiones inmateriales de la misión que resulta imposible formularlas con palabras, que deben ser experimentadas desde adentro. Quienes permanecen fuera de la organización pueden intuir, pero difícilmente podrán captar en su plenitud el verdadero significado de la misión.

Un segundo paso estará dado por la definición de la *visión*. La visión proyecta la identidad en el tiempo y en el espacio, normalmente con una proyección de hasta cinco años, y pone en evidencia expectativas concretas que llevarán al cumplimiento de la misión en el futuro. Una adecuada visión es una guía para la definición de los impulsos estratégicos y para la comprensión de dichos impulsos por parte de todos los grupos de interés, en especial de aquellos que trabajan dentro de la organización. La visión debe cumplir con cinco requisitos[1]: 1) ser breve, 2) ser fiel al foco y al carácter de la organización, 3) ser comprensible por todos los *stakeholders*, 4) ser inspiradora, y 5) ser verificable. La visión no siempre es usada correctamente en las empresas. Cuando en la expresión de la visión existen ambigüedades, la tarea de definir y comunicar la estrategia se hace más difícil y puede presentar incoherencias.

Reformulamos, de este modo, la definición de estrategia que vimos previamente. La estrategia es un *conjunto de iniciativas organizacionales que tiene como objetivo el cumplimiento pleno*

---

1. Angwin, Duncan; Cummings, Stephen, y Smith, Chris: *The Strategy Pathfinder. Core Concepts and Micro-cases.* Blackwell, Malden, 2007.

de la misión y que se concreta mediante la realización exitosa de la visión. La misión da el contexto de las iniciativas, mientras que la visión actúa como un gran marco unificador de dirección. En 2006, poco tiempo después de haber asumido como CEO de The Walt Disney Company, Robert Iger definió cuatro grandes impulsos tendientes a alcanzar la visión y a cumplir plenamente con la misión de la compañía[2]:

- Creación de contenido innovador.
- Uso de la tecnología y disponibilidad del contenido en una variedad de plataformas.
- Crecimiento internacional.
- Foco en la marca Disney.

De la estrategia se desprenden objetivos más específicos que bajan en cascada desde los estratos superiores hacia los niveles medios y bajos de la organización. La formulación de objetivos, especialmente cuando es consensuada entre supervisores y supervisados, ayuda a comprometer a todos los miembros de la organización en el proceso estratégico, genera adhesión a la visión planteada y contribuye al logro de la misión. Los objetivos, en última instancia, determinan cuáles serán los aspectos del negocio a los que se les va a prestar atención en el día a día.

En su clásico libro de 1954, *La gerencia*, Peter Drucker presentó el test SMART, por su sigla en inglés, para comprobar la validez de los objetivos definidos en cada nivel organizacional. De acuerdo con Drucker, los objetivos deben ser[3]:

- *Específicos*: la meta está claramente definida.
- *Mensurables*: el resultado puede medirse numéricamente.

---

2. *El Cronista Comercial*, "Iger festeja su exitoso primer año en Disney". 4 de octubre de 2006.
3. Drucker, Peter Ferdinand. *The Practice of Management*. Harper and Row, Nueva York, 1954. La edición en castellano fue publicada con el título *La gerencia*.

- *Alcanzables*: todos los recursos humanos y materiales que el proyecto requiere están disponibles, y las proyecciones del contexto acompañan a la planificación.
- *Realistas*: Drucker recomienda evitar la tentación de fijar un objetivo solo porque respeta los tres criterios anteriores. Su relevancia a nivel organizacional es importante.
- *Asociados a una variable temporal*: los objetivos deben fijar un período dentro del cual deben ser cumplidos.

El Diagrama 1.1 ilustra la relación entre estrategia, misión, visión y objetivos.

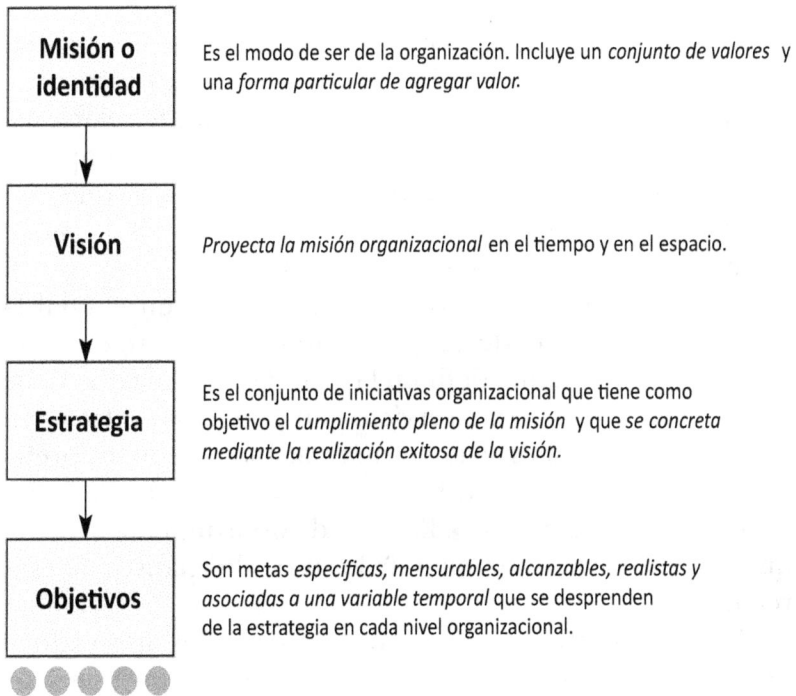

Misión o identidad	Es el modo de ser de la organización. Incluye un *conjunto de valores* y una *forma particular de agregar valor.*
Visión	*Proyecta la misión organizacional* en el tiempo y en el espacio.
Estrategia	Es el conjunto de iniciativas organizacional que tiene como objetivo el *cumplimiento pleno de la misión* y que *se concreta mediante la realización exitosa de la visión.*
Objetivos	Son metas *específicas, mensurables, alcanzables, realistas y asociadas a una variable temporal* que se desprenden de la estrategia en cada nivel organizacional.

Diagrama 1.1. La relación entre estrategia, misión, visión y objetivos.

Antes de continuar con otros temas, queremos enfatizar algunas ideas. La estrategia es acción: las organizaciones son un conjunto de acciones coordinadas. La acción organizacional es el resultado de las acciones de cada una de las personas que componen la organización. Son propiamente acciones organizacionales las que despliegan elementos compartidos entre las personas, quienes actúan participando con un objetivo en común. *El éxito de una estrategia radica en realizar una acción compartida que justifique el uso de recursos que involucren y que permitan a cada persona y a la organización perfeccionarse simultáneamente.*

1.2. La organización y el mercado

Las organizaciones son instituciones que actúan ancladas en otra institución: el mercado. A pesar de ser dos instituciones de naturalezas diferentes están íntimamente relacionadas. Sin embargo, no debe caerse en el error de aplicar mecanismos propios de una institución a la otra, ya que esto va en contra de la naturaleza de cada una de ellas y suele tener consecuencias nocivas en el largo plazo.

Un mercado es el ámbito físico o virtual en el cual la oferta y la demanda de un producto o servicio se encuentran y, conjuntamente, definen la cantidad óptima que debe producirse de ese bien o servicio y su precio. La valoración de este bien estará directamente relacionada con las preferencias de la gente y el costo de oportunidad de los recursos necesarios para generarlo. El costo de oportunidad se determina mediante la valoración de los usos alternativos de esos recursos.

Las organizaciones toman recursos del mercado y devuelven recursos al mercado. Para que las empresas puedan existir, esta ecuación debe serles favorable. En términos básicos, el precio del producto o servicio ofrecido debe más que compensar el esfuerzo económico necesario para generarlo. Siendo el mercado un mecanismo tremendamente eficiente a la hora de valorar los usos alternativos de los recursos, este desafío no es menor. Ahora bien, el mercado es capaz de valorar conocimientos y recursos *actuales y conocidos,* pero no resulta un mecanismo eficiente a la hora de valorar conocimientos y recursos *potenciales,* aquellos basados en la creatividad de las personas. Las organizaciones existen porque son ámbitos propicios para el ejercicio de la creatividad. En mayor o menor medida, todas las organizaciones buscan innovar. Las personas que componen las organizaciones generan y aplican ideas radicales, enfrentan la incertidumbre de sus acciones, y comparten y valoran lo aportado a la acción grupal. Para comprender mejor esta particularidad de las organizaciones, vamos a ir un paso hacia atrás y analizaremos la acción grupal desde el punto de vista del conocimiento.

Existen dos tipos de conocimiento: el *explícito* y el *tácito.*

- *Conocimiento explícito* es todo aquel conocimiento que fue o puede ser articulado, codificado y almacenado en algún medio. Generalmente toma la forma de manuales, instrucciones o políticas. Por su naturaleza, el conocimiento explícito resulta fácilmente comunicable y compartible entre los miembros de una organización, y es incluso transferible o susceptible de ser copiado por personas externas. Estas características permiten al mercado determinar en forma bastante exacta el valor de los usos alternativos del conocimiento explícito, lo cual afecta a la toma de decisiones en cuanto a su uso o intercambio. Las empresas, por el contrario, no son buenas evaluadoras del conocimiento explícito, dado que no aglutinan tanta información como el mercado para conocer y cuantificar sus usos alternativos.

- *Conocimiento tácito* es todo aquel conocimiento difícil de identificar, ubicar, cuantificar y comunicar en forma directa. Reside en las personas o en las relaciones entre personas y se plasma en la cultura de la organización. El conocimiento tácito puede ser *individual* o *grupal.*
  - Cuando el conocimiento tácito es *individual,* es decir, no compartido, el mercado le fija un precio asignando valor a las acciones de la persona que posee dicho conocimiento. La naturaleza del conocimiento le aporta un valor especial a la persona que lo posee, pero no le da, necesariamente, un valor especial a la organización que emplea a esa persona. Este es el caso del conocimiento tácito que posee la mayoría de los profesionales.
  - Cuando el conocimiento tácito es *grupal,* su naturaleza indica que varias personas comparten algo intangible que no necesariamente radica en ellas en forma individual, sino en las propias relaciones que mantienen entre ellos. Haciendo uso de su conocimiento tácito, los miembros de una organización realizan actividades cuyo resultado puede ser valuado; sin embargo, una vez terminado el trabajo no será posible determinar la proporción en que cada persona ha contribuido.

El valor del conocimiento tácito se incrementa aún más cuando se trata del desarrollo de productos o servicios inexistentes; es decir, de la *innovación.* Al iniciar un proceso creativo, no es posible evaluar adecuadamente cuánto aportará cada persona, como tampoco qué se obtendrá de la combinación de los recursos. Este es el maravilloso momento de la creación donde el mercado se queda mudo o, incluso, protesta por la asignación de recursos valiosos a actividades de resultado incierto. El Cuadro 1.1 resume los conceptos que acabamos de ver.

	Conocimiento explícito	Conocimiento tácito
Conocimiento individual	**No existe**. En el momento en que el conocimiento se hace explícito, es aprehendido por otros, convirtiéndose en grupal.	Reside en una persona en particular. No necesariamente agrega valor a la organización. Por ej.: **capacidad de un dibujante de crear personajes animados.**
Conocimiento grupal	Conocimiento compartible, comunicable y evaluable. Por ej.: **manual de procedimientos para generar el guión gráfico de una película animada.**	Reside en los valores compartidos por los miembros de una organización, y en su capital humano. No es posible valuar la contribución individual de cada persona. Por ej.: **creatividad en la producción de una película animada.**

Cuadro 1.1. Tipos de conocimiento.

A partir de estas definiciones, podemos entender a la organización como un conjunto de actividades concatenadas y armónicamente relacionadas donde *el conjunto agrega un valor superior al de las operaciones realizadas libremente en el mercado*. Las organizaciones son arreglos institucionales que, al haber solicitado recursos al mercado, deben generar un valor mayor que el de su mejor uso alternativo conocido. La clave del éxito de la estrategia está en los elementos compartidos, como el conocimiento tácito, y en los mecanismos que emplea la organización para enfrentar la incertidumbre irreducible que genera el proceso creador. La presencia de activos intangibles compartidos garantiza, de alguna manera, que sea positiva la ecuación entre el valor de venta de los productos y servicios y los recursos usados para generarlos. El Cuadro 1.2 muestra el valor que la acción grupal compartida ha generado en Dell.

El Caso Dell

☐ Fundada en 1984 con una inversión de 1.000 dólares, Dell Inc. fue en 2006 el fabricante de computadoras más rentable de Estados Unidos, con más de 3.500 millones de dólares de beneficios. En forma coherente, durante los 15 años anteriores, Dell había superado en rentabilidad al resto de las empresas de su sector por medio de un innovador sistema de venta directa. Utilizando la filosofía *just-in-time*, Dell vendía sus productos solo a través del teléfono o de Internet, y únicamente hacía el pedido de materiales una vez que el cliente había abonado su compra. La empresa reducía así sus costos de inventarios y de comercialización, aumentaba las opciones de personalización de los productos para sus clientes y les brindaba acceso directo a su propio soporte técnico en caso de que tuvieran problemas.

Hacia fines de 2002, Michael Dell, el fundador, reflexionaba:

"Yo esperaba que, para este momento, alguien hubiese copiado nuestro modelo de negocios. Me sorprende que nadie lo haya logrado, cuando los aspectos particulares del modelo han sido analizados públicamente durante diez años [...]. Estamos empezando a intuir que debe resultar muy, pero muy difícil implementar estos cambios. Dell es una empresa en la que cada área (diseño, producción, ventas, servicio al cliente) fue fundada sobre estos principios: una manera distintiva y diferente de hacer negocios."

Adaptado del caso "Matching Dell (B): 1998-2003", redactado en 2004 por el profesor Jan Rivkin y la investigadora asociada Simona Giorgi. Harvard Business School.

Cuadro 1.2. El conocimiento tácito grupal en Dell.

Resumiendo: la organización empresarial es aquella institución que permite la innovación en niveles de eficiencia razonablemente superiores a los usos alternativos de los recursos que le solicita al mercado. De esta relación entre la organización y el mercado surgen dos fenómenos: los procesos de *exploración-explotación* a nivel organizacional y la dinámica de *innovación-imitación* a nivel industrial. Todas las iniciativas estratégicas se enmarcan y hacen referencia a un estado o elemento de estos fenómenos.

1.3. El origen de la rentabilidad

Lo primero que observamos es que existen compañías que muestran rentabilidad similar entre sí y diferente de la de otros grupos de empresas. Estos grupos corresponden generalmente a sectores. En general, puede observarse que distintos sectores muestran sistemáticamente diferentes niveles de rentabilidad. Las organizaciones que eligen competir en un sector u otro estarán muy condicionadas por lo que en ellos suceda. Los cambios en el poder de negociación de clientes y proveedores, causados por fusiones y adquisiciones, la apropiación por parte de un competidor de algún recurso clave o la existencia de un régimen impositivo especial que beneficie a un sector y no al resto son algunos de estos condicionantes. El Cuadro 1.3 expone, a modo de ejemplo, el nivel de rentabilidad promedio de diez sectores diferentes en la Argentina durante el período 2000-2005.

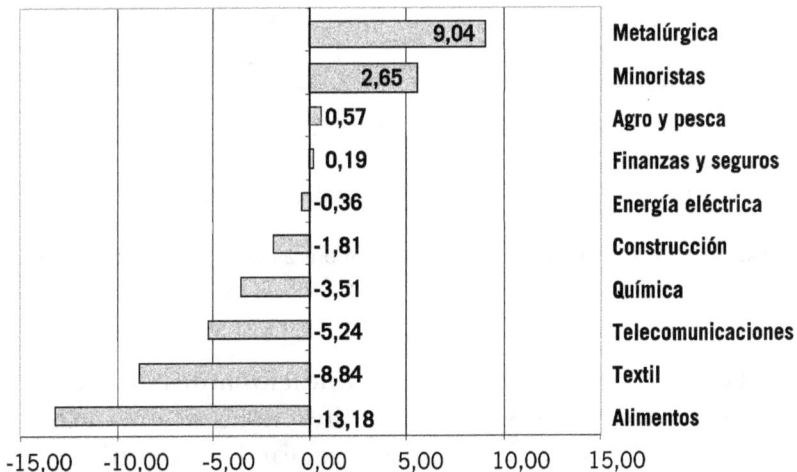

Valor	Sector
9,04	Metalúrgica
2,65	Minoristas
0,57	Agro y pesca
0,19	Finanzas y seguros
-0,36	Energía eléctrica
-1,81	Construcción
-3,51	Química
-5,24	Telecomunicaciones
-8,84	Textil
-13,18	Alimentos

-15,00   -10,00   -5,00   0,00   5,00   10,00   15,00

Cuadro 1.3. Rentabilidad promedio de diez sectores en la Argentina.
Período 2000-2005.

No solo el sector importa, sino también el país donde la organización esté operando. El mismo tipo de sector en países distintos mostrará diferencias sistemáticas de rentabilidad. Esto puede tener su origen, por ejemplo, en los niveles de regulación, la carga impositiva y los costos laborales para cada sector que imperen en diferentes geografías, así como en las ventajas comparativas propias de un país con respecto a los otros. Estas ventajas pueden estar dadas por la abundancia de algún recurso natural, la presencia de infraestructura especial o la disponibilidad de recursos humanos relativamente más calificados. El Cuadro 1.4 muestra, a modo de ejemplo, el nivel de rentabilidad promedio de las empresas que operan en el sector de telecomunicaciones en cinco países de Latinoamérica durante el período 2000-2005.

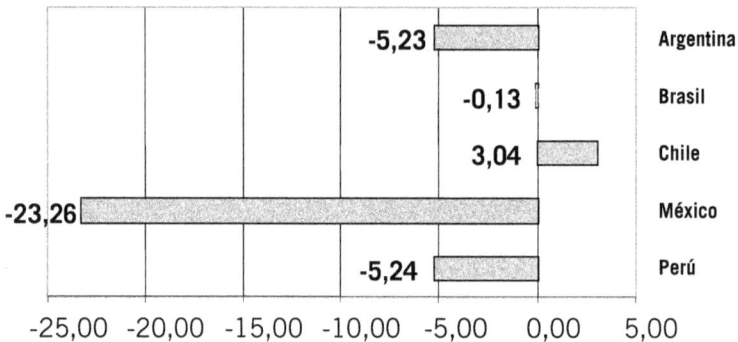

Cuadro 1.4. Rentabilidad promedio de empresas de telecomunicaciones en cinco países latinoamericanos. Período 2000-2005.

Finalmente, más allá de los condicionantes de sectores y países, las empresas muestran diferencias sistemáticas de rentabilidad dentro de un mismo sector. Esto significa que, *por encima de los condicionantes de entorno, lo que la empresa haga y cómo lo haga tendrá un impacto importante.* El Cuadro 1.5 exhibe la dispersión en la rentabilidad promedio de distintas empresas que actuaban en el sector minorista en Chile a lo largo del período 2000-2005.

14,80		Somela
10,92		Volcán
9,25		Zofri
7,22		Soquicom
6,50		Falabella
3,68		Cem
3,57		Pizarreno
3,38		D&S
-0,10		GE Chile
-17,25		Sabimet

-20,00 -15,00 -10,00 -5,00   0,00   5,00   10,00 15,00 20,00

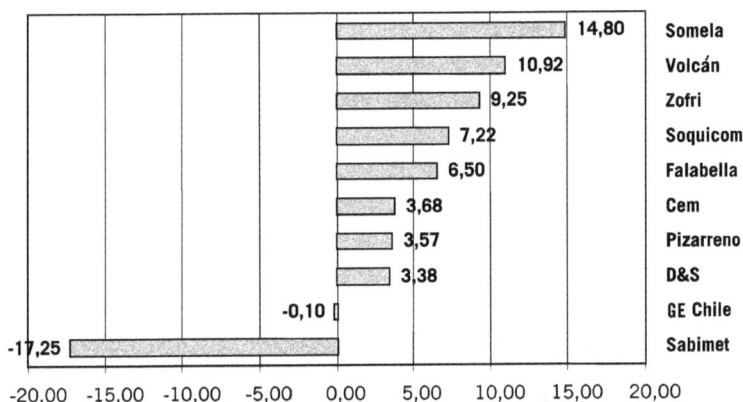

Cuadro 1.5. Rentabilidad promedio de empresas del sector minorista en Chile. Período 2000-2005.

La pregunta natural es: ¿cuál de estos elementos –sector, país o empresa– tiene más influencia sobre la rentabilidad de una organización? Un modo de abordar este problema es mediante la técnica estadística de descomposición de varianza. Con esta técnica se descompone la varianza de los resultados de las organizaciones y se evalúa qué porcentaje de la varianza se debe a lo que la organización hace en particular, qué parte al sector en que compite, y qué parte al país en que compite. También hay un efecto asignado al año en que se compite. Estos cuatro efectos son llamados *permanentes*, ya que influyen sostenidamente, año tras año, sobre la rentabilidad de las empresas. Los efectos permanentes no contienen a los shocks exógenos que cambian de todos los años y que resultan muy difíciles de anticipar. En términos legos, podríamos catalogar a estos shocks como "golpes de suerte o desgracia". Los consideraremos como efectos transitorios o *aleatorios* y no formarán parte de nuestro análisis central[4]. En el Cuadro 1.6 presentamos el impac-

---

4. Existen efectos transitorios que ofrecen un comportamiento regular o predecible. Son conocidos como efectos autorregresivos. Para simplificar la exposición, los hemos omitido y sugerimos ver los detalles en el documento referido al pie del Cuadro 1.6.

to relativo de los efectos permanentes y aleatorios sobre la varianza de los retornos, medido según el ROA de 12.000 empresas en 448 industrias y 78 países.

Efectos	%
Efectos permanentes	
Organización	26,58
Sector	3,15
País	6,08
Sector-país	12,49
Año	1,08
Efecto transitorio	50,62
TOTAL	**100,00**

Adaptado de Brito, Luis, y Vasconcelos, Flavio. "How much does country matter?". En Cooper, Arnold; Álvarez, Sharon; Carrera, Alejandro; Mesquita, Luiz, y Vassolo, Roberto (editores). *Entrepreneurial Strategies*. Blackwell, Oxford, 2006.

Cuadro 1.6. Descomposición de efectos permanentes sobre los retornos de los sectores.

La primera gran observación que podemos hacer es que prácticamente la mitad de la rentabilidad de las empresas se determina en forma casi aleatoria. La otra mitad cae bajo la influencia de los efectos permanentes, sobre los cuales las empresas pueden actuar, pero con distintos grados de libertad.

Puede observarse que el efecto empresa pesa mucho más que la decisión de competir en cierto sector y no en otro, o en un determinado país. El efecto empresa abarca todo aquello que una organización hace sistemáticamente de modo diferente de las demás; es decir, las capacidades distintivas que ha sabido generar. Le sigue el efecto de la interacción del país y el sector, o efecto *cluster*[5]. Por separado, el

---

5. Para un análisis de los fundamentos y efectos de los *clusters*, véase Porter, Michael: "Clusters and the New Economics of Competition", *Harvard Business Review*, November-December, 1998.

peso relativo de los efectos sector y país en la composición de los retornos de las empresas varía según el sector. El efecto sector está relacionado con las propiedades estructurales que pueden hacerla más o menos atractiva, mientras que el efecto país se relaciona con las consecuencias de los ciclos económicos y del marco institucional que cada organización enfrenta.

Los datos de Brito y Vasconcelos (2006), aunque interesantes, tienen dos limitaciones de importancia. La primera es que no distinguen entre países desarrollados y en desarrollo. La segunda es que no diferencian entre empresas con rentabilidades superiores y empresas con rentabilidades inferiores. En la siguiente sección abordaremos estos temas.

1.4. La estrategia en economías emergentes

El peso relativo del efecto país cambia cuando consideramos la rentabilidad de empresas en el mundo desarrollado y en el mundo emergente. Makino, Isobe y Chan, en un estudio sobre las filiales de multinacionales japonesas, encontraron que el efecto país pesa más del doble cuando el país es emergente que cuando es desarrollado[6]. ¿Significa esto que lograr diferenciación en países emergentes es más difícil? ¿Significa acaso que la formulación estratégica se realiza con menos grados de libertad que en el mundo desarrollado? Nuestra respuesta a ambas preguntas es contundente: NO. Lo que estos datos están insinuando es que el planteo estratégico en las economías emergentes tendrá aristas diferentes, pero con iguales o mayores posibilidades de éxito, si se las reconoce adecuadamente.

---

6. Makino, Shige; Isobe, Takehico, y Chan, Christine: "Does country matter?". *Strategic Management Journal* 25 (10): 1027-1043, 2004.

Para profundizar en estos puntos, Díaz-Hermelo y Vassolo realizaron un estudio de la sustentabilidad de los retornos extraordinarios en Latinoamérica y los compararon con estudios similares en Estados Unidos y Europa[7]. La evidencia empírica para economías desarrolladas muestra que tan solo un 5% de las empresas que logran resultados extraordinarios los sostienen en la cumbre de sus sectores durante más de diez años. Si consideramos los resultados extraordinarios como uno de los indicadores de una estrategia exitosa, estos resultados apuntarían a que el éxito es posible, pero muy arduo, al menos en el mundo desarrollado. ¿Qué sucede en las economías emergentes? Analizando los retornos de las empresas que cotizaron en bolsa en Latinoamérica durante el período 1990-2006, los autores determinaron que, en promedio, entre el 8,5% y el 16% de las empresas que alcanzaron la cumbre permanecieron allí durante más de diez años.

De este resultado emerge una conclusión muy valiosa: la probabilidad de tener una estrategia exitosa sustentable parece ser mayor en Latinoamérica que en los países desarrollados. Dicho de otro modo: hay menos movilidad de empresas líderes en Latinoamérica que en el mundo desarrollado. Quienes llegan a la cima tienen más probabilidades de permanecer allí por largos períodos. Díaz-Hermelo y Vassolo también encontraron que la sustentabilidad de retornos extraordinarios era mayor en algunos países como Chile, México y Perú, y menor en Brasil. Este último país, la economía más significativa de la región, mostró tasas de sustentabilidad de retornos extraordinarios similares a las de Estados Unidos. De aquí se desprenden interrogantes clave: ¿por qué ocurre esto? ¿Cómo operan las empresas latinoamericanas para lograr resultados extraordinarios sostenibles?

---

7. Díaz-Hermelo, Francisco y Vassolo, Roberto: " Institutional Development and Hypercompetition in Emerging Economies". *Strategic Management Journal*, 2010.

¿Qué debe observarse a la hora de plantear las estrategias en Latinoamérica?

Vassolo, Díaz-Hermelo y Rodríguez[8] estudiaron el rendimiento de empresas que compiten en Latinoamérica y dividieron su muestra en submuestras, para poder discriminar entre aquellas que exhibieron resultados superiores y las que evidenciaron resultados inferiores al promedio de su sector. Encontraron que para las empresas de rendimiento superior los efectos permanentes son más significativos que para las de rendimiento inferior. Es decir que las empresas que obtienen malos resultados en la región parecen estar más afectadas por los factores aleatorios que impone el entorno que las de rendimiento superior. En paralelo, la componente que más estabilidad parece aportar a la rentabilidad de las empresas es el efecto empresa, por delante de los efectos país y sector. Esto significa que las capacidades organizacionales son las que contribuyen en mayor medida a asegurar un rendimiento superior en Latinoamérica.

1.5. Elementos de la estrategia y ventaja competitiva

Tal como definimos previamente, la estrategia es el conjunto de iniciativas organizacionales que tiene como objetivo el cumplimiento pleno de la misión y que se concreta mediante la realización exitosa de la visión. Así delimitada, la estrategia de una organización no es ni más ni menos que una lista de tareas a las cuales sus miembros deben alinearse. Esta definición puede sonar a poco; sin embargo, más que las particularidades de cada caso concreto, lo importante para el estratega es entender cuáles son los elementos de

---

8. Vassolo, Roberto; Díaz-Hermelo, Francisco, y Rodríguez, Inés: "Industry, Country and Firm-Specific Effects of Firms Competing in Emerging Economies". *Academy of Management.* Anaheim, CA. August 8th, 2008.

la organización que debe monitorear para plantear una estrategia exitosa.

También vimos que el retorno obtenido por una organización es la combinación de lo que la empresa hace y del entorno donde actúa. Estos serían los dos primeros elementos de la estrategia cuando nos referimos a su contenido. A ellos se les debe sumar un aspecto más: el modo en que la empresa coopera con el entorno para aumentar el alcance de su actividad. Por último, todos estos elementos que hacen al contenido de la estrategia deben actuar armónicamente, como un todo poderoso. Por eso, al considerar la estrategia también es necesario ver la coherencia general de todos los elementos mencionados.

No hemos especificado como elemento de la estrategia a la *ventaja competitiva,* algo que a un lector avezado puede sonarle sospechoso. ¿No busca acaso la estrategia desarrollar ventajas competitivas? Al menos esto es lo que dicen hoy la mayoría de los libros de texto sobre estrategia.

Michael Porter[9] define la ventaja competitiva como aquella posición que una organización ocupa en el mercado que le permite obtener retornos extraordinarios, ya sea presionando hacia la baja los costos de los insumos que adquiere o presionando hacia el alza los precios de sus productos finales, de acuerdo con la disposición a pagar de sus consumidores. De la existencia de ventajas competitivas se deriva la obtención de retornos extraordinarios y, potencialmente, la de otros beneficios como la lealtad de los consumidores, una buena imagen de marca, la captura de talentos en el mercado laboral, el mayor poder de negociación, etc. En este contexto, la estrategia consiste en tomar acciones ofensivas o defensivas en el mercado para asegurar la obtención y sustentabilidad de las ventajas competitivas.

---

9. Véase Porter, M. E.: *Competitive Advantage: Creating and Sustaining Superior Performance.* The Free Press, Nueva York, 1985.

Creemos que existen ventajas competitivas como resultado de la acción estratégica, pero también que la mera obtención de ventajas competitivas es un objetivo muy pobre para oficiar de norte en todo el comportamiento organizacional. La estrategia no debería plantearse meramente para superar a los competidores, sino para llevar a la organización a cumplir de forma más perfecta con su misión o identidad organizacional. Dicho esto, *la identidad de una organización no debería definirse en base a su posición relativa frente a los otros actores del mercado, sino que debe centrarse en lo que hace única e irrepetible a esa organización en particular.*

Por ello, no debemos pensar en la ventaja competitiva como un elemento centrado en la comparación de dos o más empresas. Cuando utilicemos el concepto de ventaja competitiva, estaremos refiriéndonos a alguna actividad que hace la organización o a alguna posición de mercado que ocupa que le permite obtener una diferencia *para alcanzar el éxito de la organización.* La ventaja competitiva permitirá que la empresa goce de resultados económicos extraordinarios por un cierto tiempo. La idea central es que la existencia de ventajas competitivas es importante en la medida en que aproxime a la organización al cumplimiento de su misión, *pero no constituye el objetivo de su misión.*

Una vez hecha esta salvedad, puede servirnos hacer un repaso de las fuentes de ventajas competitivas tradicionalmente identificadas. Richard D'Aveni, analizando varias décadas de escritos en estrategia competitiva, sugiere que existen cuatro fuentes generadoras de ventajas competitivas[10]:

- *Costo y calidad*: son las ventajas que surgen cuando la empresa compite en eficiencia (costo) o en diferenciarse por los atributos del producto o servicio de la manera deseada por el consumidor (calidad).

---

10. D'Aveni, Richard: *Hypercompetition: Managing the Dynamics of Strategic Maneuvering.* The Free Press, Nueva York, 1994.

- *Tiempo y conocimiento*: estas ventajas nacen de activos y conocimiento único de las empresas que le permiten cobrar al cliente por el uso de esos activos o conocimiento. Para que provoque una ventaja competitiva, la empresa debe ser la única en haber desarrollado esos activos o conocimiento, lo que le dará un período en el que la ventaja será inimitable y así obtener rendimientos diferenciales.
- *Fortalezas*: otra fuente de ventaja competitiva es la restricción de competidores mediante la instauración de barreras de entrada en un negocio.
- *Bolsillos amplios*: algunas empresas se valen de su gran tamaño para sacar del juego competitivo a empresas menores, y de esta manera mantener sus ventajas.

Como se verá, todas estas fuentes son relativamente transitorias. Creemos que la fuente más genuina de diferenciación, la que garantiza la subsistencia de la organización en el largo plazo, es la acción grupal compartida, basada en el conocimiento tácito grupal y la confianza y cooperación entre todos sus miembros.

CAPÍTULO 2

LOS METAPROCESOS
DETRÁS DE LA ESTRATEGIA

El mundo es una rara combinación de previsibilidad y cambio inesperado. Si todo fuese una novedad radical, este libro no tendría sentido, pues con él nos proponemos pensar ordenadamente en el futuro de la organización. Ahora bien, ¿por qué existe cierto nivel de previsibilidad? ¿Qué es exactamente lo que podemos anticipar?

Creemos que existen dos metaprocesos que gobiernan la vida de las organizaciones y que permiten anticipar moderadamente su futuro. El primer gran metaproceso, de carácter social, es el de innovación radical-imitación. El segundo metaproceso, de carácter organizacional, es el de exploración y explotación. Todo este libro tiene como trasfondo la existencia de estos procesos.

2.1. La dinámica de la innovación-imitación

El metaproceso de innovación radical-imitación caracteriza el modo en que las acciones sociales se relacionan entre sí. En

1934, el economista austríaco Joseph Schumpeter[1] introdujo el concepto de creación destructiva. Él entendía las industrias como sujetas a una irreversible ley de innovación radical que, en su proceso de dar nuevas formas para satisfacer necesidades hacía obsoletas las innovaciones radicales del pasado. Por eso, toda innovación radical, aun con el valor que genera a la sociedad, tiene un aspecto de destrucción o superación de algo que se hacía anteriormente. Al referirnos a esta realidad, hablaremos de la dinámica de innovación-imitación.

Esta dinámica se dispara en el ámbito del mercado cuando una organización logra ofrecer de forma novedosa un producto o servicio que satisface una necesidad. La innovación puede tener una raíz tecnológica o ser el resultado de un cambio en el modelo de negocio o en alguna función de la cadena de valor. Dada la naturaleza novedosa del producto o servicio (que puede hacerse evidente en cualquiera de sus atributos, como ser el material, el diseño, la durabilidad, el envase, etc.), o el modo en que se produce o distribuye, su presencia en el mercado provoca elevados incrementos de su valor. Suele decirse que ha nacido una categoría o una industria, aun cuando dicha innovación en realidad esté sustituyendo (destruyendo) los modos anteriores de satisfacer una misma necesidad. El Cuadro 2.1 resume algunos ejemplos.

Música portátil	☐ En los años 80, el **walkman** de Sony revolucionó los hábitos musicales de las personas al permitirles llevar consigo su música favorita. Esta innovación radical fue seguida de versiones mejoradas como el discman y el minidisc hasta que, veinte años más tarde, un nuevo producto redefinió el negocio. El iPod de Apple sumó al concepto de portabilidad las ventajas de la reproducción digital (mejor sonido y mayor capacidad de almacenamiento) y un novedoso sistema de compra y distribución de contenidos on-line (iTunes y iStore).

---

1. Schumpeter, Joseph: *The Theory of Economic Development: An Inquiry into Profits, Capital, Credit, Interest, and the Business Cycle.* Harvard University Press, Cambridge, 1934.

Organización del conocimiento ☐	Desde 1768 hasta hace unos pocos años, la Enciclopedia Británica era el compendio de información más extenso y confiable del mundo. Compilada por expertos, contiene un número considerable de entradas con datos sobre temas como historia, biología, geografía y artes. La llegada de la tecnología digital dio origen a innovaciones incrementales como Encarta, disponible en CD en lugar de en forma impresa. El quiebre se produjo en 2001 con la creación de **Wikipedia**, una enciclopedia on-line de acceso gratuito, redactada por sus mismos lectores. Por su naturaleza de colaboración y digital, Wikipedia abarca una cantidad de tópicos muy superior a la de la Enciclopedia Británica, y su actualización, lejos de requerir nuevas ediciones, es permanente.
Telefonía celular ☐	Hacia el año 2000, el mercado de telefonía celular en la Argentina estaba estancado, con unos cinco millones de unidades en uso. Debido a los altos costos de acceso y mantenimiento de los teléfonos celulares, el sistema estaba enfocado especialmente a los clientes del segmento ABC1. La introducción de las **tarjetas prepagas** –que permiten a los usuarios evitar los gastos del abono y controlar el costo de sus llamadas–, y de aparatos de bajo costo hizo posible que en unos años el mercado creciera a más de 25 millones de unidades. La telefonía celular ha reemplazado a la telefonía fija en sectores de bajos recursos como la opción más conveniente en cuanto a costo-eficiencia en telecomunicaciones.

Cuadro 2.1. Ejemplos de innovación radical e incremental.

Cuando se comprueba la viabilidad y el éxito de la innovación, ella provoca retornos extraordinarios para la organización y, a su vez, dispara un proceso de imitación por parte de la competencia. Nuevos competidores ingresan al mercado, intentando duplicar las capacidades de la empresa innovadora. Algunas empresas imitan porque ven la posibilidad de mejorar sus resultados, otras son atraídas por la posibilidad de perfeccionar lo elaborado por el innovador y obtener parte de sus clientes, y otras tan solo por la necesidad de subsistir. Las empresas imitadoras operan con ciertas ventajas y desventajas.

Ventajas:

- Evitan pagar los costos de exploración para generar una innovación y la incertidumbre que este proceso conlleva.

- No enfrentan los riesgos de ser los primeros en llegar al mercado, ya que no deben educar a los consumidores ni abrirse paso para que sea aceptada la innovación.
- No deben adecuar sus estructuras y procesos para permitir la convivencia de grupos que simultáneamente potencien la exploración y la explotación, lo cual suelen ser procesos de gran complejidad en lo organizacional.

Desventajas:

- A medida que ingresan imitadores al mercado, aumenta la oferta de productos y servicios relacionados con la innovación y, en consecuencia, disminuye su precio (veremos más adelante que en el corto plazo esto puede no ser así, pero sí lo es en el largo plazo). Esta limitación agrega presión sobre los costos. Las empresas imitadoras deben desarrollar capacidades relacionadas con la producción, concentrándose en la eficiencia, la productividad y el mejoramiento de los procesos.
- Generalmente entran más tarde en la mente del consumidor. Así, incurren en gastos comerciales especiales para el desarrollo de marcas y de canales de distribución, o nuevas maneras de segmentación del cliente.

Aunque las innovaciones pueden estar protegidas por patentes u otros mecanismos, a la gran mayoría de las empresas innovadoras les resulta difícil mantener altas las barreras que impidan la entrada a sus sectores. Finalmente, el conocimiento que logró crear el producto o servicio novedoso se derrama hacia otros actores del mercado. Aparecen competidores que intentan copiar la novedad. Su presencia en el mercado va erosionando el mayor valor generado por la innovación hasta agotarlo. El agotamiento se produce cuando el nuevo valor generado no compensa en el mercado el uso alternativo de los recursos utilizados. Este proceso se ilustra en el Diagrama 2.1:

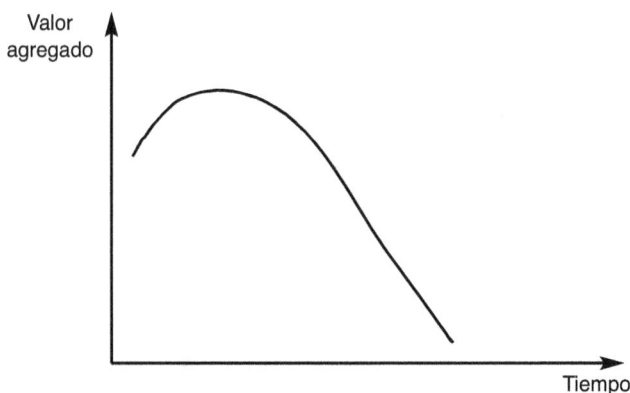

Adaptado de Tushman, M. y O'Reilly, C: "The Ambidextrous Organization: Managing Evolutionary and Revolutionary Change", *California Management Review* (38): 8-34, 1996.

Diagrama 2.1. La dinámica innovación-imitación.

Es importante tener en cuenta que el declive del valor agregado no siempre es tan lineal ni tan directo. Luego de la innovación radical, pueden introducirse en el mercado innovaciones *incrementales*, a partir de las cuales las versiones más básicas de la innovación irán siendo progresivamente sustituidas por otras más complejas. Por ejemplo, el primer teléfono celular constituyó una innovación radical, mientras que la fabricación de teléfonos celulares en una amplia variedad de colores o con baterías de larga duración representó una innovación incremental. El Diagrama 2.2 muestra el efecto de las innovaciones incrementales sobre el declive del valor agregado de una innovación radical.

La dinámica de innovación-imitación condiciona las capacidades organizacionales que deben desarrollar en todo momento tanto la empresa innovadora como sus potenciales competidores. Esta dinámica también afecta al grado de la rivalidad competitiva, que se incrementará en la medida en que disminuya el valor agregado. Comprender las circunstancias que rodean a la dinámica de innovación-imitación es de amplia utilidad para facilitar el diagnóstico y la formulación de iniciativas estratégicas.

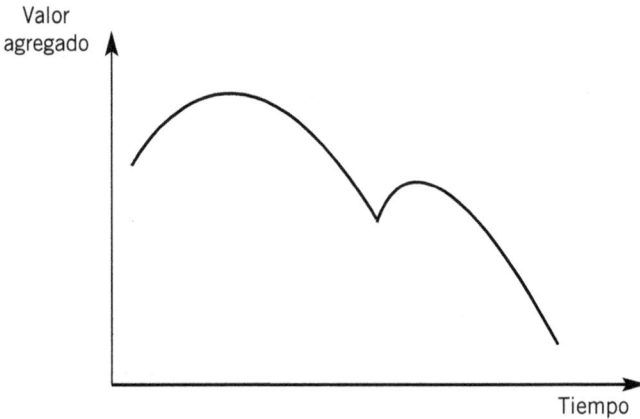

Diagrama 2.2. La dinámica innovación-imitación con innovación incremental.

2.2. Los procesos organizacionales de exploración y explotación

Los metaprocesos organizacionales son de dos tipos: unos apuntan a la exploración y otros a la explotación. Descritos por March en 1991[2], los procesos de exploración y explotación ilustran la relación (muchas veces conflictiva) que se da entre las dos actividades centrales de una organización. La exploración está asociada a la idea de búsqueda, innovación, toma de riesgos, experimentación, juego, flexibilidad y descubrimiento. La explotación, por el contrario, contiene elementos más afinados, mejora, selección, producción, eficiencia, implementación y ejecución. El proceso de

---

2. March, James: "Exploration and Exploitation in Organizational Learning", *Organization Science* (2): 71-87, 1991.

exploración está dedicado a la búsqueda de nuevas oportunidades de negocios, mientras que el de explotación está dedicado a capitalizar las oportunidades presentes. A través de la explotación, la organización intenta aprovechar al máximo el valor generado por su portfolio actual de productos y servicios, mientras que por medio de la exploración busca determinar cuáles serán los productos o servicios futuros.

El Cuadro 2.2 muestra las particularidades más relevantes de cada proceso:

Exploración	Explotación
• **Asociada a**: búsqueda, toma de riesgos, experimentación, flexibilidad y descubrimiento.	• **Asociada a**: mejora, selección, producción, eficiencia, implementación y ejecución.
• **Foco**: innovación radical.	• **Foco**: innovación incremental.
• **Competencia**: emprendedora.	• **Competencia**: operativa.
• **Estructura**: adaptativa, flexible.	• **Estructura**: formal, mecanicista.
• **Control y recompensas**: basados en hitos de proyectos y en potencial de crecimiento.	• **Control y recompensas**: basados en márgenes y en medidas de productividad.
• **Liderazgo**: visionario, comprometido.	• **Liderazgo**: autoritario, vertical.

Adaptado de: O'Reilly, C. A. y Tushman, M. L. "The Ambidextrous Organization". *Harvard Business Review*, April: 74-81, 2004.

Cuadro 2.2. Diferencias entre exploración y explotación.

Veamos las particularidades de cada proceso en forma detallada. El de *exploración* es un proceso de aventura que surge de la acción conjunta. Como tal, está íntimamente relacionado con la generación y utilización de conocimiento tácito compartido. Para la realización de las tareas relacionadas con este proceso es importante saber tolerar el error y crear una estructura organizacional que favorezca el intercambio de ideas, la experimentación y la flexibilidad. Dado que los resultados de las acciones efectuadas en la exploración no pueden anticiparse, este proceso demanda confianza en su máxima expresión: es necesario confiar en las personas que trabajan en estas actividades aunque los resultados tarden en llegar. En este momento, la organización está invirtiendo recursos que el mercado valora en forma cierta a la espera de algo que nadie puede anticipar claramente ni en magnitud ni en tiempo de llegada. Por supuesto, no se trata de una búsqueda anárquica ni loca, pero su previsibilidad es mínima. Los resultados, una vez obtenidos, pueden estar tan lejos de lo que consideramos cotidiano que muchas veces provocan el rechazo de los consumidores, de los competidores y de los inversores. El Cuadro 2.3 - Parte 1 muestra el proceso exploratorio de Apple al crear la primera computadora personal:

| Exploración en el mercado de computadoras personales | ☐ En 1979, un equipo de ingenieros empleados por **Apple** comenzó a diseñar una de las primeras computadoras personales del mercado, la **Macintosh**. El concepto de computadora personal, de pequeño tamaño y potencia en comparación con los conocidos mainframes de la época, y diseñada tanto para la empresa como para el hogar, parecía extraño e inservible incluso para los más avezados en el tema. "No puedo entender por qué alguien querría tener una de esas en su casa", dijo un alto ejecutivo de IBM. La Mac no solo era pequeña: su interfaz era completamente diferente de todo lo conocido. Presentaba íconos, gráficos y ventanas, y se manejaba con un mouse, a diferencia de las computadoras tradicionales que respondían a comandos por teclado. La negativa de todo un mercado poco hacía suponer al equipo creador que los principios de diseño de la Mac serían imitados por actores de toda índole y se convertirían en el estándar de toda una industria. |

Cuadro 2.3 - Parte 1. Ejemplos en el proceso de exploración.

Durante el proceso de *explotación*, las organizaciones se posicionann en el presente. Se concentran en hacer cada vez mejor lo que ya saben hacer y en capitalizar los beneficios que surgen de innovaciones pasadas. En muchas ocasiones, la explotación demanda introducir mejoras incrementales a productos y procesos ya existentes. En general, el foco se pone en actividades más cercanas al cliente. Aquí dominan los ajustes más precisos: el énfasis en los costos, la productividad y la búsqueda de nuevas formas de captar mercado. A medida que el mercado va madurando, se hace imperioso lograr mejoras en la segmentación, de manera que se cobre a cada grupo de clientes un precio lo más cercano posible al máximo que estaría dispuesto a pagar. Las tareas de explotación tienen el efecto práctico de retrasar la caída del valor producido por una innovación.

Muchas veces resulta difícil armonizar los procesos de exploración y explotación. Estos difieren en sus objetivos, actitudes y tareas clave. Requieren distintos estilos de liderazgo, de sistemas de control y de competencias. También compiten por la asignación de los mismos recursos escasos que posee la organización. Esta discrepancia hace que las empresas tiendan a demostrar aptitudes para llevar adelante un proceso y problemas para sobrellevar el otro. Las organizaciones que favorecen la exploración en detrimento de la explotación tienden a asumir los costos de experimentar con productos, métodos y mercados nuevos, pero son incapaces de capturar los beneficios de sus descubrimientos. Estas empresas suelen abrir nuevos mercados que luego terminan conquistando sus competidores, entrantes tardíos que prestan más atención a la penetración en el mercado que a la novedad de sus productos. En el otro extremo, aquellas organizaciones dedicadas preferentemente a la explotación pueden tener una ventaja en el corto plazo, pero se encontrarán estancadas en el largo. Una vez que la innovación actual pierda su valor, no contarán con nuevos productos y servicios que ofrecer. La experiencia de Apple y Microsoft demuestra los resultados de optar por uno u otro modelo, tal como se evidencia en el Cuadro 2.3 - Parte 2:

Explotación en el mercado de computadoras personales	☐ A pesar de haber tenido gran éxito durante el proceso de exploración, Apple no supo capturar adecuadamente los beneficios de haber innovado con la Mac. En 1990, **Windows**, el sistema operativo creado por Microsoft, comenzó a acercarse en funcionalidad al desarrollado por Apple. Por medio de alianzas con los principales fabricantes de computadoras, Microsoft no tardó en erosionar la participación de mercado de la Mac, forzándola a convertirse en un producto de nicho para el segmento de diseño.
	Los esfuerzos de Apple no daban los resultados deseados: aunque continuaba innovando en sus productos, la variedad de modelos resultaba confusa para distribuidores y clientes. Microsoft, mientras tanto, cerraba contratos con proveedores de PC para que Windows se convirtiera en el sistema operativo estándar de la industria.

Cuadro 2.3 - Parte 2. Ejemplos en el proceso de explotación.

Mantener un adecuado equilibrio entre los procesos de exploración y explotación resulta crucial para asegurar el éxito organizacional tanto en la actualidad como en el futuro. Este equilibrio, sin embargo, es difícil de alcanzar; las tensiones entre ambos procesos son constantes. Las organizaciones que han logrado desarrollar con éxito ambos procesos simultáneamente, explotando de manera rentable sus negocios actuales y preparándose mediante la exploración para generar negocios futuros, reciben el nombre de *ambidiestras.*

PARTE I. RESUMEN

En esta primera parte, hemos presentado conceptos básicos fundamentales para comprender, posteriormente, las particularidades del proceso de formulación estratégica en una organización. Entre otros, aquí definimos:

- El *éxito organizacional* como la satisfacción de los *stakeholders* de la organización, es decir, de todas aquellas personas o instituciones que, de alguna manera, se involucran con ella.
- La *misión organizacional* como su identidad o modo de ser que incluye un conjunto de valores y una forma particular de agregar valor.
- La *visión organizacional* como la misión proyectada en el tiempo y en el espacio, normalmente con un alcance de tres a cinco años, que guía la definición de los impulsos estratégicos de la organización y ayuda a comunicarlos con los *stakeholders*.
- Los *objetivos* como metas específicas, mensurables, alcanzables, realistas y asociadas a una variable temporal y que se desprenden de la estrategia hacia cada nivel organizacional.
- La *estrategia* como el conjunto de iniciativas organizacionales que tiene como objetivo el cumplimiento pleno de la misión y que se concreta mediante la realización exitosa de la visión. El éxito de la estrategia está íntimamente relacionado con los resultados de la acción compartida de todos los miembros de la organización.

Fundamentalmente, hemos visto que hacer estrategia consiste, por un lado, en entender cómo juegan determinados factores asociados al entorno (el sector y el país) y, por el otro, en actuar sobre aquello que hace única a la organización

51

(sus capacidades). Todos estos aspectos se resumen en el Diagrama R.1, que se presenta a continuación.

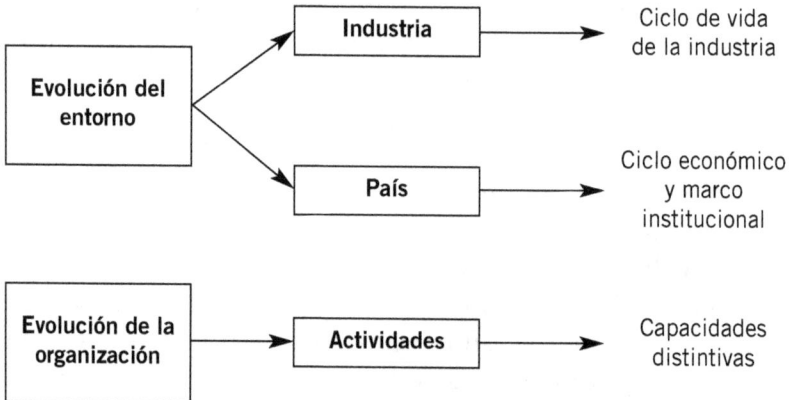

Diagrama R.1. Resumen de factores que afectan a la rentabilidad de las empresas.

Considerando lo anterior, el concepto de *ventaja competitiva* se refiere a alguna actividad que hace la organización o a alguna posición de mercado que ella ocupa y que le permite obtener una diferencia para lograr su misión.

El logro de la misión depende del modo en que los miembros de una organización desarrollan las acciones compartidas. El proceso de formulación estratégica es crucial porque permite potenciar los elementos de las acciones compartidas –como el valor generado por el conocimiento tácito grupal– por medio de la dinámica de innovación-imitación que naturalmente atraviesa cada sector.

En nuestras latitudes, el proceso de formulación estratégica también está sujeto a riesgos propios de las economías emergentes, a pesar de que existen estudios que demuestran que obtener retornos superiores sustentables es tanto o más factible en nuestra región que en el mundo desarrollado.

PARTE II

ESTRATEGIA COMPETITIVA EN LATINOAMÉRICA

La estrategia competitiva trata del pensamiento ordenado a largo plazo con respecto a un negocio o unidad estratégica de negocio (UEN). En general, una empresa tiene bajo su techo varios negocios que operan con capacidades semejantes pero diferentes en distintos entornos competitivos. En esta sección, nos centraremos en la realidad de los negocios individuales para luego, en la siguiente sección, explorar los desafíos que enfrenta un conjunto de negocios. La estrategia competitiva es el campo del saber que analiza la problemática de los negocios tomados individualmente mientras que la estrategia corporativa se sitúa a nivel portafolio de negocios.

Las UEN son secuencias de actividades organizacionales relativamente autónomas del resto de la organización, dirigidas a satisfacer ciertas necesidades de los clientes también relativamente autónomas de las otras necesidades que satisface la organización. Puede decirse que la estrategia tiene como objeto de análisis toda UEN, real o potencial.

Las UEN pueden ser caracterizadas de distintas maneras. Desde un punto de vista económico, una UEN es un centro de beneficios aun cuando parte de sus costos fijos puedan ser compartidos con otras UEN. Desde el punto de vista de sus productos o servicios, una UEN satisface cierta necesidad particular de los consumidores. Por lo tanto, las unidades estratégicas de negocios compiten en sectores concretos. Desde el punto de vista de las capacidades organizacionales, el trabajo de una UEN involucra ciertas actividades que le permitirán especializarse en áreas clave para sí misma y, potencialmente, para otras UEN de la organización. Finalmente, una UEN posee también un determinado alcance geográfico.

Consideraremos a la UEN como la "menor" unidad de análisis de la estrategia, en contraposición a otras alternativas del pensamiento estratégico que toman a un producto o servicio o alguna unidad funcional dentro de la organización. El objetivo es diagnosticar, desde el punto de vista de las capacidades, la situación de las distintas unidades estratégicas de negocios de la organización.

Con esta perspectiva, la UEN compite en cierta industria dentro de un país, y lo hace apoyada en un conjunto de capacidades organizacionales que intentan ser distintivas. Estos tres aspectos, industria o sector, país y capacidades, comprenden el contenido a tener en cuenta al desarrollar estrategia competitiva. Cada uno de esos aspectos es la materia de cada uno de los capítulos de esta sección: el Capítulo 3 se ocupa del análisis industrial. el Capítulo 4 del análisis del entorno país, y el Capítulo 5 del análisis de las capacidades organizacionales

La nota saliente de cada capítulo es el énfasis en los procesos que regulan la actividad de cada uno de dichos aspectos y que permiten anticipar su evolución. El análisis de la industria o sector se basará en la evolución industrial capturada a través del ciclo de vida de la industria. El análisis del país se basará en la evolución de la demanda y oferta agregada o ciclo económico, distinguiendo los países desarrollados de los emergentes. Finalmente, el análisis de las capacidades se centrará en la naturaleza tiempo-dependiente de las rutinas organizacionales.

Mientras que cada capítulo trata de un aspecto a considerar para diagnosticar la situación competitiva y formular estrategias para una UEN, queda como tarea final la combinación de todos estos aspectos en un todo armónico. Parte de esta problemática queda para la próxima sección.

CAPÍTULO 3

LA EVOLUCIÓN
DE LAS INDUSTRIAS

La industria o sector define el entorno inmediato en el que una empresa debe desenvolverse. En este capítulo nos hacemos las siguientes preguntas: ¿cuán atractiva es la industria en la que compite una UEN?, ¿cómo es probable que evolucione dicha industria o sector y, subsecuentemente, su atractividad?, ¿qué podemos hacer para aprovechar al máximo el entorno competitivo?, ¿cuáles son las propiedades de ese entorno que debemos conocer, en tanto que podrían dejar a nuestra UEN fuera del negocio?

Cuando encaramos el análisis del entorno, surge inmediatamente una cuestión que raya en lo filosófico: si las empresas son todas distintas, ya que no hay dos identidades iguales, ¿por qué hablamos de industrias o sectores? ¿No es este concepto un contrasentido que busca encontrar uniformidad donde no la hay? En principio, basta con aceptar la sencilla observación de que, generalmente, las empresas son entidades que se mueven en un entorno donde es posible encontrar otras entidades similares. Si bien estas entidades no son idénticas, satisfacen necesidades parecidas con modelos de negocio semejantes. Estas similitudes dan sustento al concepto de industria y permiten incorporar rigurosamente el entorno competitivo en el análisis estratégico.

La industria o entorno competitivo presenta un ciclo de vida con etapas claramente definidas. Estas etapas se repiten de industria en industria de manera similar, variando tan solo la duración de cada etapa y el tipo de propiedades estructurales presentes en cada una de ellas. Las propiedades estructurales afectan a la dinámica de innovación-imitación expuesta en los capítulos anteriores, dado que condicionan los procesos de imitación. La dinámica del ciclo de vida de la industria eventualmente puede anticiparse. De esta manera, el análisis industrial se incorpora directamente en el proceso de formulación estratégica, fortaleciendo la posición futura de las UEN. Estudiar las propiedades del ciclo de vida de la industria nos permitirá detectar restricciones del entorno actuales y futuras, críticas para la supervivencia de nuestros negocios.

Vale una nota aclaratoria antes de ir al corazón del capítulo. La mayor parte de los procesos evolutivos descriptos bajo el rótulo "ciclo de vida de la industria" han sido desarrollados con respecto a industrias manufactureras. Es posible extender esta lógica sin muchas adaptaciones a las industrias o los sectores de servicios. Sin embargo, el ciclo de vida de la industria no se da de la manera aquí descripta en las industrias o los sectores de commodities, y deben hacerse adaptaciones no menores para aplicar los mismos conceptos. Haremos una referencia al respecto en este capítulo.

3.1. El ciclo de vida de la industria

Las industrias presentan un ciclo de vida derivado de la dinámica de innovación-imitación descripta en el Capítulo 2, "Los metaprocesos detrás de la estrategia". Este ciclo cuenta con tres etapas diferentes: 1) emergente, 2) de desarrollo y 3) de madurez. En cada una de estas etapas las actividades centrales de las organizaciones cambian, al igual que el grado de rivalidad de la competencia y que el comportamiento del mercado. En el Diagrama 3.1 se representa gráficamente el ciclo de vida.

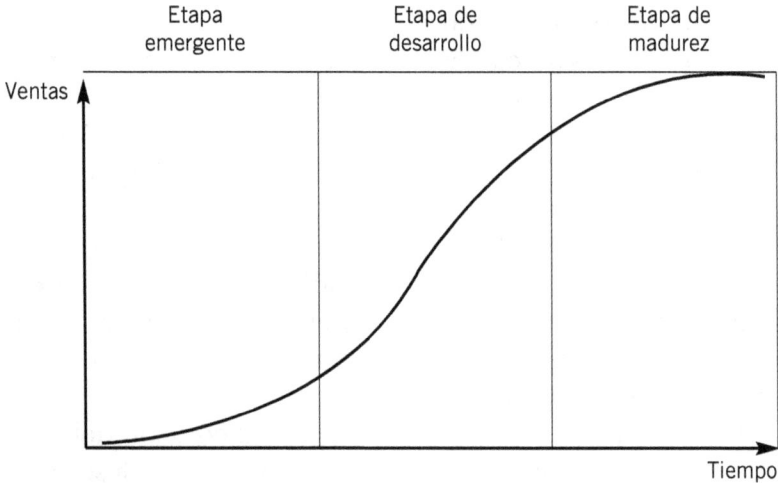

Etapa emergente · Etapa de desarrollo · Etapa de madurez

Ventas

Tiempo

Diagrama 3.1. Etapas en el ciclo de vida de la industria.

La primera etapa, conocida como *emergente*, se caracteriza por la presencia de una gran incertidumbre tanto tecnológica como de mercado: no se conoce la estructura que tendrá la industria en el futuro. Las organizaciones cuya industria atraviesa esta etapa no tienen aún completamente entendida la necesidad a satisfacer (aunque intuyen aspectos de ella) ni el mejor modo de hacerlo. Tampoco conocen cuáles serán los estándares en cuanto a producto o servicio. El modelo de negocio todavía debe ser descubierto.

Se habla de la "etapa emergente de la industria" aunque, en realidad, en ese momento la "industria" es aún un concepto borroso. Esta etapa constituye un período de intensa búsqueda. Existe una industria, porque la búsqueda no suele darse en aislamiento, sino que tienden a ser varias las organizaciones que simultáneamente persiguen la misma innovación. Sin embargo, los emprendimientos pueden no tener nada en común salvo una necesidad a satisfacer imperfectamente definida.

Las industrias pueden permanecer años en su etapa emergente. Dentro de la dinámica innovación-imitación, esta etapa del ciclo se corresponde con los momentos anteriores a la innovación radical. Desde el punto de vista de la formulación estratégica, las empresas que tengan parte de sus negocios en estas industrias tendrán marcadas iniciativas de exploración. Podríamos decir que una empresa que no tenga al menos un negocio en esta etapa está comprometiendo seriamente su futuro.

En algún momento, la búsqueda produce sus frutos. Lo tan buscado se revela; se produce la innovación radical. Comienza la etapa de *desarrollo*. La necesidad toma una forma más concreta; se aclaran los estándares y el modelo de negocio termina por definirse. Aquí estalla una de las carreras de mayor vértigo y belleza en la vida de las industrias, se dispara una explosión de demanda… y también una ola de imitaciones. El momento tiene un encanto poco común porque todo parece crecer sin límites. Dado que existe un enorme caudal de demanda insatisfecha, la presión de los imitadores (lo que podríamos llamar "presión competitiva") no se hace sentir en todo su rigor. Los márgenes son saludables, y la rentabilidad es alta.

Esta aparente bonanza no admite, sin embargo, un crecimiento organizacional desordenado. Por el contrario, es necesario que la estrategia elegida se concentre en aquellas variables que la organización califique de especialmente relevantes para la madurez de la industria. "Hacer foco" en este contexto no indica que se deba elegir una estrategia de nicho; es decir, circunscribir la acción estratégica a un segmento muy específico de consumidores o a un producto con funcionalidades de utilidad no masiva. Hacer foco implica fijar una dirección y dirigir la atención de toda la organización hacia ese objetivo. De esta capacidad dependerá la posición competitiva que la organización pueda alcanzar y disfrutar en su madurez.

A medida que la competencia se hace más intensa, se presenta una encrucijada estratégica muy interesante que tiene consecuencias organizacionales importantes para las empresas innovadoras y para sus imitadores. Un aumento en la presión competitiva indica que la industria ha comenzado a saturarse. Esta saturación puede ocurrir rápida o lentamente, pero será inevitable. Las tasas de crecimiento caerán, yendo desde los dos dígitos típicos de la etapa de desarrollo hasta llegar a tasas vegetativas. Una empresa innovadora puede realizar dos tipos de actividades para evitar que la saturación le afecte en forma excesiva: retrasar la imitación o encontrar una nueva innovación radical. El primer camino puede no ser factible, si el conocimiento que ha dado origen a la innovación se disemina con velocidad en el mercado. El segundo puede resultar riesgoso, ya que llevará a la organización a enfocarse excesivamente en el futuro, sin haber cosechado los frutos que le corresponden en el presente. Una combinación de ambos caminos será la opción más conveniente –aunque posiblemente sea la más difícil de implementar.

En la etapa de *madurez*, la presión competitiva se manifiesta en toda su intensidad. Las bajas tasas de crecimiento del mercado no alcanzan para sostener la rentabilidad de todas las empresas que estaban compitiendo en la etapa anterior. Los precios, así como los márgenes, decaen. Abundan las fusiones y adquisiciones, mientras que crece el número de empresas que dejan el mercado. Quienes permanecen en carrera pasan a centrarse en mejorar las tareas productivas (manejo de costos, productividad, mejoras en los procesos) y comerciales (promociones, fidelidad del cliente); es decir, en las actividades primarias de la cadena de valor.

No sorprende ver que en las industrias maduras abunden los oligopolios, estructuras industriales con unos pocos competidores de gran tamaño que dominan el mercado. Ciertos aspectos de la presión competitiva característica de la etapa de madurez se ven mitigados con la formación de oligopolios. Pensemos, por ejemplo, en Coca-Cola y Pepsi, o en los principales países productores de petróleo (miembros de la OPEP). Las empresas que componen un oligopolio tienen fuertes incentivos para coludir; es decir, para ponerse de acuerdo tácita o explícitamente y manipular hacia arriba los precios. Este tipo de maniobras hace que los oligopolios estén, generalmente, en la mira de los organismos de defensa de la competencia.

Una vez sabido esto, el mejor modo de prepararse para la etapa de madurez consiste en preguntarse: ¿existen propiedades de la industria que eventualmente lleven a la consolidación industrial? Y de ser así, ¿cuán severa será la consolidación? La respuesta a estas preguntas llevará a la generación de impulsos estratégicos durante la etapa de desarrollo de la industria que permitan a la empresa lograr las propiedades que garanticen su supervivencia en la etapa de madurez.

Antes de comenzar a precisar las distintas propiedades que pueden tener las industrias, repasemos los conceptos principales asociados al ciclo de vida a partir de la evolución del negocio de la telefonía celular en la Argentina. El Diagrama 3.2 muestra el crecimiento experimentado por la industria.

Para el año 2000, la industria había alcanzado su madurez. El modelo de suscripciones había llegado a su techo al saturar el segmento ABC1 y con imposibilidad de captar gran cantidad de clientes en segmentos de menor poder adquisitivo.

Unos años después, el impacto de una innovación radical dio un nuevo impulso al crecimiento: la tarjeta prepaga acercó el celular a los estratos inferiores de la población, y aumentó en más del 300% el tamaño del mercado. Mientras tanto, la introducción de la tecnología GSM (que permite a través de la utilización de chips el ingreso de teléfonos más sofisticados y la provisión de servicios de alto valor agregado) revitalizó la demanda en los estratos superiores de la población. La industria dio recientemente signos de madurez con fusiones y adquisiciones que dejaron solo tres grandes proveedores.

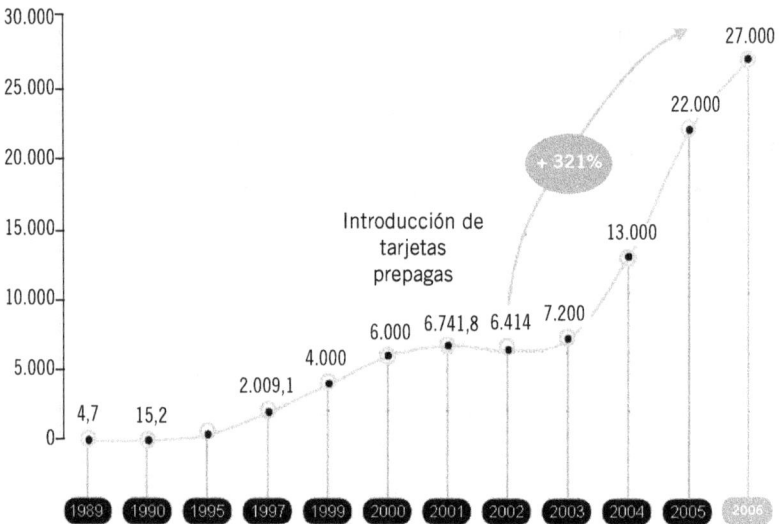

Fuente: *De la estrategia a la comunicción*, Grupo CCR sbre la base de datos del INDEC, agosto de 2006. Datos en miles de unidades.

Diagrama 3.2. El ciclo de vida de la industria en el negocio de la telefonía celular en la Argentina.

Pasamos ahora desde el ciclo de vida de la industria hacia la dinámica de innovación-imitación y las propiedades de la industria que afectan a dicha dinámica.

3.2. Las propiedades estructurales de la industria y la dinámica de innovación-imitación

Durante la etapa de desarrollo, las empresas se lanzan a una carrera en pos de un objetivo concreto, mientras que en la etapa de madurez defienden la posición que han sabido alcanzar. Las velocidades a las que las empresas se mueven en cada etapa son diferentes; cuando analicemos las propiedades estructurales de la industria, será importante tener en cuenta estas diferencias. Con estos conceptos en mente, definimos las propiedades estructurales de una industria: son aquellos *condicionantes* de la industria que afectan a la dinámica de imitación y que alteran el poder de mercado de las empresas en la etapa de madurez. Señalan los aspectos que las organizaciones deben respetar para poder seguir compitiendo en la industria. En pocas palabras: establecen las reglas del juego a los directivos de las empresas que actualmente compiten en la industria y a los que quieran ingresar en el futuro. Generalmente, las propiedades de la industria atenúan los efectos de la imitación al reducir la tasa de declive en el valor agregado de la innovación, tal como se muestra en el Diagrama 3.3. A su vez, determinan la cantidad de empresas que la industria puede sostener, dada su estructura, en esa etapa del ciclo de vida.

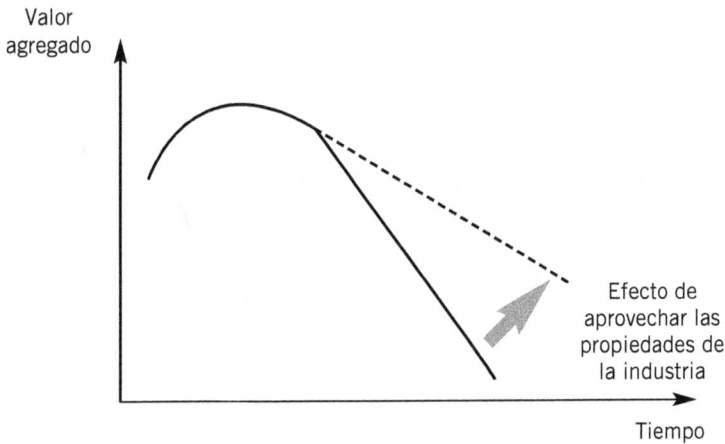

Diagrama 3.3. Efectos de las propiedades de la industria sobre la dinámica innovación-imitación.

Será vital para toda organización, especialmente para las innovadoras, tener en cuenta las propiedades industriales que afectan a la imitación. Las estrategias organizacionales deberán ajustarse para aprovechar estas propiedades de la industria y obtener una renta extraordinaria sostenible.

Algunas de las propiedades de la industria más conocidas son: 1) las economías de escala, 2) las economías de alcance, 3) las economías de aprendizaje, 4) los costos de cambio, 5) la diferenciación de productos y 6) las externalidades de red. Antes de desarrollarlas, es útil definir algunos conceptos relacionados con el costo de producir un bien o servicio que permitirán comprender mejor cómo funcionan las propiedades:

- *Costo*: es la suma del valor monetario de los elementos materiales (insumos y maquinarias, entre otros) e intangibles (por ejemplo, know-how) que resulta necesario consumir o utilizar para producir un bien o servicio.

- *Costo medio*: es el costo promedio por unidad producida en el que la organización ha incurrido para generar la cantidad de productos o servicios producidos hasta el momento.

- *Costos fijos*: son aquellos que se mantienen inalterados independientemente de la cantidad producida.

- *Costos variables*: son los que varían proporcionalmente con la cantidad producida. Pueden asociarse, entre otros, con los costos relacionados con los insumos productivos (como las materias primas).

3.2.1. Economías de escala

El proceso productivo de un bien o servicio presenta economías de escala en un rango de cantidades producidas cuando el costo medio del producto o servicio declina a lo largo de ese rango. El Diagrama 3.4 - Parte 1 muestra gráficamente esta relación entre costo medio y cantidad producida.

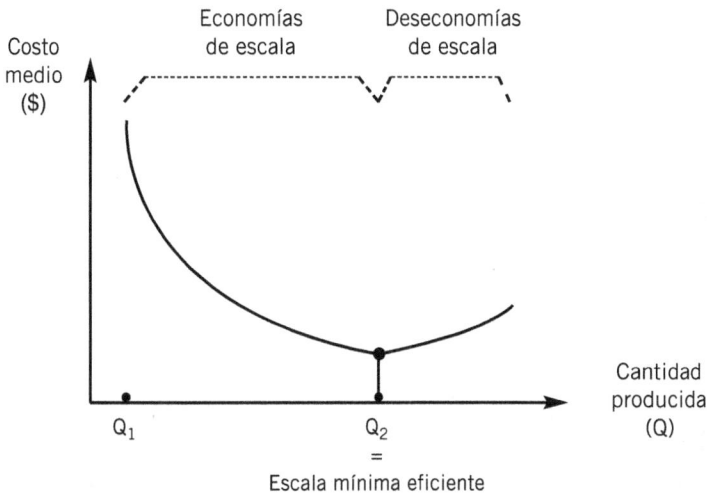

Diagrama 3.4 - Parte 1. Economías de escala.

Vemos que en el rango dado por las cantidades Q_1 y Q_2 existen economías de escala, dado que el costo medio desciende a medida que aumenta la cantidad producida. Q_2 coincide con la *escala mínima eficiente*, que es el nivel de producción para el cual el costo medio es mínimo. Toda organización que esté trabajando en una escala menor tendrá incentivos para producir mayores cantidades, siempre que la demanda sea capaz de absorberlas. Más allá de Q_2, la organización encontrará deseconomías de escala, o sea: costos medios crecientes, y tendrá incentivos para reducir la cantidad producida.

Las economías de escala pueden surgir de varias fuentes, pero la más común está asociada con la *indivisibilidad del proceso productivo* y con la *distribución de los costos fijos*. Los costos fijos relacionados con un proceso productivo pueden dar origen a la indivisibilidad cuando el nivel de los insumos necesarios para llevar adelante el proceso no puede reducirse más allá de un determinado nivel mínimo. Las organizaciones con este tipo de procesos tienen importantes incentivos para ampliar la cantidad producida.

Imaginemos, por ejemplo, una empresa de consumo masivo de alcance nacional. La publicidad televisiva suele ser una actividad central en estas compañías. Las campañas de televisión nacional tienen altos costos, los cuales son independientes de la cantidad producida. Cuanto más produzcan, en mayor cantidad de unidades podrán repartirse los costos fijos totales.

Hay ciertos casos en los que las economías de escala llegan a un grado extremo. Pensemos en los requerimientos tecnológicos de una industria como es la de las telecomunicaciones. El tendido de cable hacia cada hogar de una ciudad o país requiere inversiones altísimas en activos fijos, se hagan unas pocas o millones de llamadas por día. En este tipo de industrias, los costos fijos son considerables, mientras que los variables tienen poca incidencia. El factor capital supera con creces al factor humano en los costos totales. La escala mínima eficiente, además, se encuentra muy hacia la derecha en el eje horizontal; tan a la derecha que en realidad muchas veces toda la demanda del mercado puede ser atendida por una sola empresa. Es decir que las dinámicas de costos de este tipo de industrias a veces permiten la existencia de un único proveedor en el mercado. No habría lugar para más competidores; en caso de que ingresara alguno, probablemente nunca podría alcanzar rentabilidad. Este tipo de industrias se denominan de *monopolio natural*. El Diagrama 3.4 - Parte 2 ilustra esta situación.

Por último, es importante resaltar que las economías de escala no equivalen a tener poder de negociación, aunque este puede derivarse de aquellas. Una organización goza de poder de negociación cuando su tamaño frente a proveedores o clientes es tal, que puede obtener una reducción especial en el costo de los insumos que compra o de imponer un sobreprecio a los productos que vende. Se trata, simplemente, de una cuestión de tamaño relativo. Las organizaciones que no tienen economías de escala pueden gozar de poder de negociación cuando han crecido considerablemente en sus mercados. Tal es el caso, por ejemplo, de YKK, la empresa líder en el mundo en fabricación de cierres de metal. Aunque YKK goza de poder de negociación, su proceso productivo no presenta indivisibilidad ni la infraestructura necesaria para producir cierres resulta tan costosa.

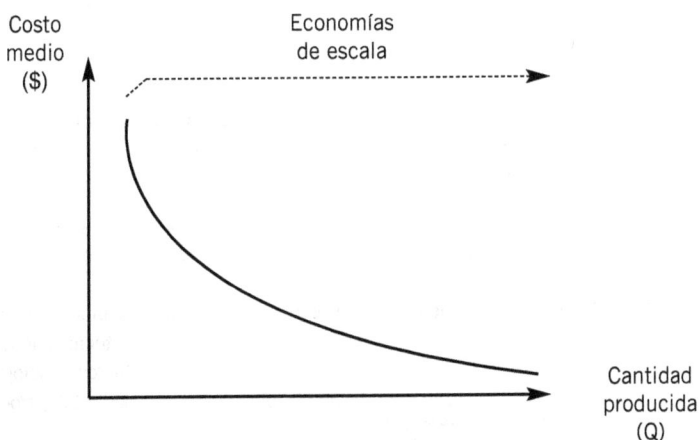

Diagrama 3.4 - Parte 2. Economías de escala en un monopolio natural.

3.2.2. Economías de alcance

Las economías de alcance son primas hermanas de las economías de escala, tan próximas que muchas veces se las confunde o se las usa indistintamente. Existen economías de alcance cuando una organización obtiene reducciones de costos a medida que diversifica la base de productos o servicios que ofrece. A diferencia de las de escala, las economías de alcance comparan los costos totales de producir dos tipos de bienes en forma separada, en dos empresas distintas, con los costos de producirlos en una misma empresa.

Las economías de alcance surgen del aprovechamiento de alguna inversión (investigación y desarrollo de un insumo, compra de maquinaria específica) o capacidad (imagen de marca, servicio al cliente, experiencia en un mercado geográfico o segmento determinado) que pueda ser aplicada a la producción de diversos bienes.

Los ejemplos del Cuadro 3.1 ilustran las fuentes de sinergias de dos organizaciones con economías de alcance.

Arcor	Se apoya en sus capacidades de comercialización de productos masivos, como la relación con los **canales de distribución** y la imagen de **marca**, para crear y mantener productos líderes en segmentos diversificados dentro de la industria alimenticia.
	Extiende ciertas marcas desde un producto original (ej.: el bombón "bon-o-bon") hacia productos relacionados (por ej.: helados, alfajores).
Google	Se apoya en la **fidelidad** de los consumidores que ha sabido generar con su motor de búsqueda, sus inversiones en **activos** fijos tecnológicos y su **know-how** de la industria para el lanzamiento de productos relacionados que generan aún más fidelización (por ej.: gmail, google talk, froogle).

Cuadro 3.1. Economías de alcance en la práctica.

3.2.3. Economías de aprendizaje

Existen economías de aprendizaje cuando una organización o las organizaciones que componen una industria incurren en costos progresivamente más bajos en la producción de un bien o servicio a medida que pasa el tiempo. Dicho de otro modo: las economías de aprendizaje se traducen en ventajas de costos que nacen de la experiencia y el know-how en una tarea. Las empresas que gozan de economías de aprendizaje enfrentan menores costos asociados a la provisión de sus productos o servicios que sus competidores en virtud de que han fabricado *en forma acumulada* más unidades que estos.

Notemos que hay dos diferencias fundamentales entre las economías de aprendizaje y las de escala que vimos previamente:

- Las economías de escala se centran en la cantidad producida en un momento o período determinado y en la distribución de costos fijos para dicha cantidad de producción. Las economías de aprendizaje, por el contrario, se centran en la cantidad producida acumulada a lo largo de varios períodos.

- En términos de dinámica competitiva, una organización con economías de escala tiene incentivos para aumentar la cantidad producida y así distribuir progresivamente los costos fijos entre una mayor cantidad de unidades producidas. El concepto de curva de aprendizaje determina que aquella organización capaz de expandir su producción a una tasa mayor que la de sus competidores tendrá una ventaja en costos derivada de su mayor know-how.

El Diagrama 3.5 muestra gráficamente la relación entre costos y cantidad producida acumulada para una empresa con economía de aprendizaje.

La existencia de economías de aprendizaje genera ventajas a aquellos competidores que se mueven primero. Sin embargo, Robert M. Grant[1] distingue tres instancias en donde las organizaciones que están perdiendo la carrera del aprendizaje pueden obtener ventajas:

---

1. Grant, Robert: *Contemporary Strategy Analysis: Concepts, techniques, applications.* Blackwell Publishers Inc., Malden, 1995.

- *Adquirir experiencia de terceros*, mediante la atracción de los empleados de la competencia, a través de esfuerzos de inteligencia de mercado, o analizando el producto del líder para intentar reproducirlo (*"reverse-engineering"*).
- *Transferir aprendizaje de una división de la empresa a otra*, ya sea entre divisiones que producen sobre una base tecnológica común o entre diversas zonas geográficas.
- *Innovar para saltar hacia abajo en la curva*, mediante la aplicación de nuevos procesos y prácticas organizativas que permitan avanzar a mayor velocidad que con el mero aprendizaje en la producción (*"leapfrogging"*).

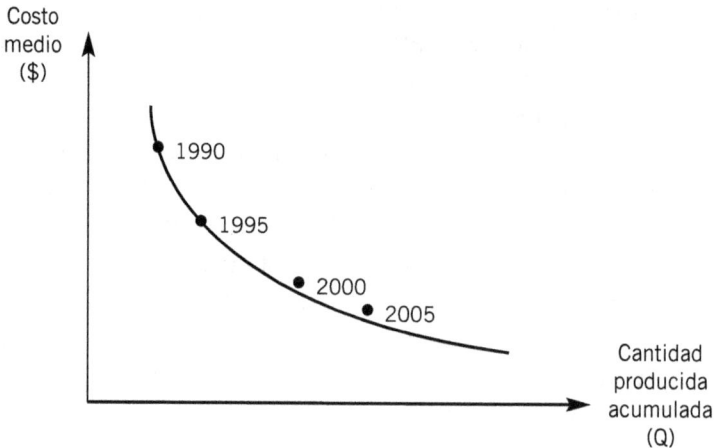

Diagrama 3.5. Economías de aprendizaje.

3.2.4. Costos de cambio

En determinadas industrias, los consumidores de un producto o servicio encuentran que existen costos de cambio cuando deben invertir recursos (tiempo, esfuerzo, dinero) para optar por un proveedor distinto del actual. Los costos se generan al tener que aprender nuevos procesos o al perder algún elemento de conveniencia facilitado por el proveedor original. Cuanto más elevados sean los costos de cambio, menos incentivos tendrá el consumidor para probar o adoptar el producto de la competencia. Así, los costos de cambio producen fidelidad del consumidor basada no totalmente en la satisfacción, sino especialmente en la estimación de lo costoso que le sería cambiar de proveedor. Veamos algunos ejemplos en el Cuadro 3.2:

Comprador: organización	Bajos costos de cambio	**Bolígrafos.** Cambiar de proveedor no requiere de un nuevo aprendizaje, no resulta riesgoso ni afecta la productividad de la gente. Hacerlo frecuentemente puede ser, incluso, recomendable para lograr mejores precios en insumos no críticos.
	Altos costos de cambio	**Software administrativo.** Implementar un nuevo sistema conlleva inversiones financieras y esfuerzo de aprendizaje. Prácticas, procesos, soporte técnico y mecanismos de coordinación entre los usuarios deben ser modificados. La fluidez de la operatoria con el nuevo sistema requiere tiempo, no es instantánea.
Comprador: individuo	Bajos costos de cambio	**Champú.** Cambiar de marca o proveedor no cambia sustancialmente la forma en que se usa el producto, y por lo tanto no requiere aprendizaje por parte del usuario. Los bajos costos de cambio llevan a la gran volatilidad en la conducta de compra del consumidor en este tipo de categorías.
	Altos costos de cambio	**Consolas de videojuegos.** Los costos de cambio son relativamente altos para los usuarios de consolas de videojuegos, a pesar de la intensa competencia entre Sony PlayStation, Microsoft X-Box y Nintendo Wii. La imposibilidad de reutilizar juegos o accesorios diseñados para una consola en las de otra marca hace que los usuarios con altos "costos hundidos" en juegos no cambien frecuentemente de proveedor.

Cuadro 3.2. Costos de cambio en la práctica.

La existencia de costos de cambio obliga a los nuevos competidores y a los potenciales entrantes a la industria a ofrecer sus productos a menor precio (o con mayores beneficios) que el proveedor originario para compensar a los consumidores por la molestia que implica el cambio. El proveedor originario, mientras tanto, tendrá pocos incentivos para bajar su precio, ya que toda reducción implicaría una disminución de su margen de las ventas actuales.

3.2.5. Diferenciación de productos

Un producto se diferencia de otro que cubre la misma necesidad cuando incluye atributos valiosos para los consumidores que justifican el pago de un plus o sobreprecio. Existen ilimitadas fuentes de diferenciación de productos. Algunas están relacionadas con las dimensiones físicas del producto, mientras que otras surgen de dimensiones intangibles como la marca. Algunos productos son más susceptibles de diferenciarse que otros, de acuerdo con lo indicado en la escala del Diagrama 3.6:

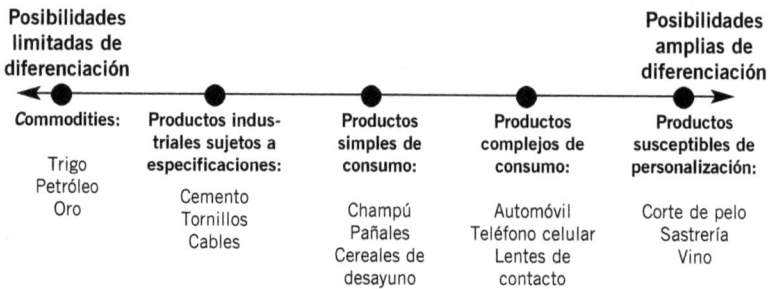

Posibilidades limitadas de diferenciación				Posibilidades amplias de diferenciación
Commodities:	Productos industriales sujetos a especificaciones:	Productos simples de consumo:	Productos complejos de consumo:	Productos susceptibles de personalización:
Trigo Petróleo Oro	Cemento Tornillos Cables	Champú Pañales Cereales de desayuno	Automóvil Teléfono celular Lentes de contacto	Corte de pelo Sastrería Vino

Diagrama 3.6. Diferenciación de productos en la práctica.

Como toda propiedad de la industria, la diferenciación de los productos ayuda a retrasar la aparición de imitadores. Sin embargo, la naturaleza de la diferenciación condicionará la velocidad y eficacia de los intentos de imitación. Cuanto más tangible sea la diferenciación, más sujeta a posibles imitaciones estará: el acceso por parte de los competidores a la tecnología, métodos o materiales que permitan reproducir la diferenciación será relativamente sencillo en el corto plazo. Una diferenciación basada en atributos intangibles como la marca, la creatividad en el diseño y la calidad del servicio prometen mejores resultados a mediano y largo plazo.

3.2.6. Externalidades de red

El valor de un producto está sujeto a externalidades de red cuando el beneficio que percibe un usuario al adquirir el producto aumenta con la cantidad de usuarios que ya lo poseen o que se espera lo posean en un futuro cercano. Este es el caso de muchos productos electrónicos, del software o de la propia Internet. Cada nuevo usuario que se suma genera un efecto positivo en el resto de la comunidad de usuarios.

Las externalidades de red crean barreras a la competencia, ya que fuerzan a eventuales imitadores del producto a generar una red de la misma forma en la que lo ha hecho el proveedor inicial del producto. Además, la creación de redes está sujeta a deseconomías de aceleración: no puede forzarse. Los productos imitadores deben ofrecer un beneficio funcional evidente para lograr captar una amplia base de consumidores. Vemos algunos ejemplos en el Cuadro 3.3:

| Microsoft Office | Uno de los ejemplos más claros de externalidades de red está dado por los programas de procesamiento de datos que utilizamos diariamente. Compartir como usuarios un mismo formato implica que podremos: |

- Enviar archivos a otros usuarios sabiendo que podrán abrirlos y manipularlos.
- Contar con la ayuda de muchos otros usuarios para responder a nuestras dudas.
- Encontrar libros sobre temas relacionados (por ejemplo, finanzas) con contenidos adaptables a estos programas.

El valor de las externalidades de red es evidente cuando pensamos en la incomodidad de trabajar con alguien cuyos sistemas son incompatibles con los nuestros. Las externalidades de red podrían también explicar por qué las herramientas de Office de Google todavía no han tenido gran difusión a pesar de ser gratuitas.

| DeRemate.com | DeRemate.com se ha convertido en una de las plataformas de comercio electrónico más exitosas de Latinoamérica por haber atraído a grandes masas de compradores y vendedores. Las externalidades de red hacen que aumenten: |

- la cantidad de ofertas de compradores por producto.
- la cantidad de bienes ofrecidos por categoría.
- la variedad de categorías de productos ofrecidas.
- la cantidad de vendedores de un mismo bien.

La cantidad de transacciones diarias que se producen en DeRemate genera valiosa información sobre la reputación de los vendedores, lo que refuerza el efecto de las externalidades de red y atrae a nuevos compradores.

Cuadro 3.3. Externalidades de red en la práctica.

3.3. Evolución del precio y de la cantidad de competidores en una industria

A partir de los conceptos vistos sobre las etapas del ciclo de vida de la industria y de sus propiedades estructurales, podemos intuir la evolución que sufrirán el precio y el número de competidores.

El Diagrama 3.7 muestra la evolución en la cantidad de competidores en una gran mayoría de las industrias. Por supuesto que cada industria en particular mostrará una curva distinta, de acuerdo con sus propiedades estructurales. Sin embargo, la presencia de una etapa de aumento en la cantidad de competidores, de una de disminución y de otra de estabilización, será una regularidad muy consistente.

Durante la etapa de desarrollo de la industria, vemos que crece inusitadamente la cantidad de competidores, alentados por la expansión de la demanda. El ingreso de competidores llega a un techo en el momento en que el crecimiento de demanda se atenúa y las organizaciones comienzan a sentir la presión competitiva más intensamente. A partir de entonces, y en coincidencia con la etapa de madurez de la industria, comienza un período de consolidación, durante el cual los participantes con menor rentabilidad dejan la industria y los mejor posicionados tienden a fusionarse o a adquirir a otros competidores más pequeños. Finalmente, la cantidad de competidores se estabiliza en un número reducido; la participación de mercado de cada uno permanece relativamente estable y se apunta a la coexistencia sin grandes dosis de agresión. Cuando las propiedades estructurales son muy fuertes, en su madurez la industria podrá asumir una estructura oligopólica. En estos casos, la competencia abrirá la posibilidad de colusión.

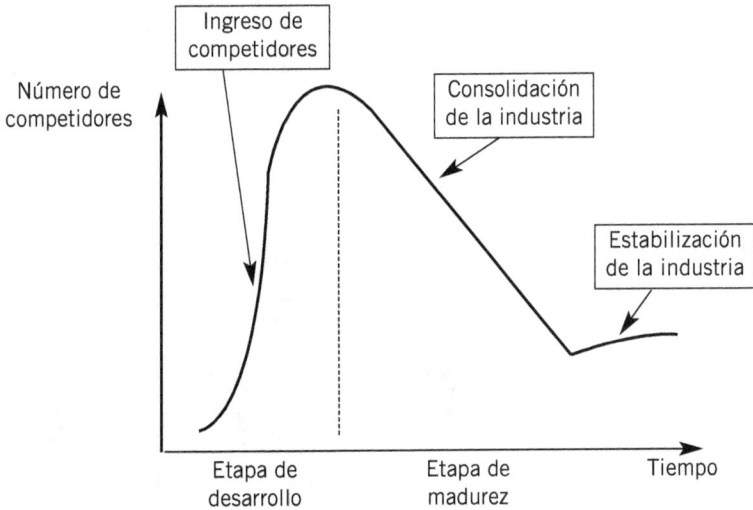

Diagrama 3.7. Evolución de la cantidad de competidores de una industria.

La trayectoria que recorren los precios y los costos medios variables es coherente con la evolución de las etapas del ciclo de vida y de la cantidad de competidores. La nota saliente es que ambos mantienen siempre una tendencia hacia la baja. El costo medio variable y los precios son máximos durante la etapa emergente de la industria, cuando el producto o servicio recién comienza a desarrollarse, y la base de clientes, a construirse. En ese momento, los competidores no tienen modo de beneficiarse de economías de escala o de aprendizaje. La producción es experimental y muy costosa, dado que necesariamente debe acomodar instancias de prueba y error. Por su parte, los precios se mantienen altos por una razón puramente competitiva: ante la ausencia de una gran cantidad de competidores establecidos, no hay presión que justifique la existencia de precios bajos.

A medida que la industria entra en su etapa de desarrollo, las reglas del juego se van develando y las empresas llegan a establecer una versión del producto o servicio estándar para la industria. El gran crecimiento en la demanda que caracteriza a esta etapa se ve acompañado por un aumento significativo en la cantidad de competidores (imitadores) y por la necesidad de obtener participación de mercado, de manera que se asegure un buen posicionamiento para la madurez. Las organizaciones eventualmente comienzan a obtener economías de escala y aprendizaje en la producción, y la competencia se centra, entre otros elementos, en el traslado de ventajas de costo al precio. Como la carrera en la etapa de desarrollo debe cumplir con el requisito de llegar a la madurez con el tamaño adecuado para poder sobrevivir, la recomendación estratégica para la etapa de desarrollo suele ser mantener y cuidar el foco. Apresurar la diversificación, distrayendo recursos, puede poner a la empresa en una posición riesgosa si no consigue obtener la participación de mercado necesaria.

El costo medio variable cae por causa del aprendizaje organizacional, pero el precio continúa cayendo aún más con el ingreso de la industria en su etapa de madurez. A esta altura, la innovación se ha difundido y su valor ha disminuido considerablemente. Aun introduciendo mejoras incrementales al producto o servicio, las organizaciones no lograrán sostener el nivel de precios de la etapa anterior. La competencia, por su lado, está centrada en explotar al máximo las ventajas en costo y las capacidades comerciales. Abundan las promociones, los descuentos por cantidad y los programas de recompensa.

El Diagrama 3.8 integra en una sola imagen los conceptos que acabamos de desarrollar.

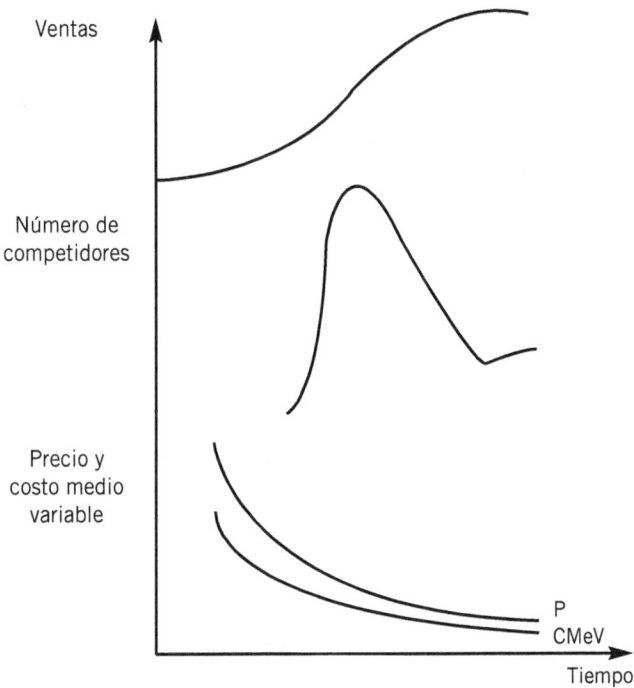

Diagrama 3.8. Evolución conjunta de las etapas de la industria, de la cantidad de competidores y del precio.

Debemos tener en cuenta que, si bien la evolución de las ventas, de la cantidad de competidores, del costo medio variable y de los precios suele ser común para múltiples industrias; habrá algunas diferencias en las industrias que nacen oligopólicas, como la del teléfono celular. Es posible que los precios no disminuyan con la rapidez con que lo hacen en industrias no oligopólicas (aunque sí lo hagan los costos medios variables por efecto de las economías de aprendizaje), y que la cantidad de competidores sea más estable a lo largo del tiempo. A su vez, en algunas industrias se observa un aumento de competidores luego de alcanzar cierta estabilidad en la madurez. Dicho aumento corresponde a veces a la aparición de competidores de nicho.

Antes de ver algunos ejemplos concretos sobre la evolución de las industrias, presentamos un cuadro resumen de lo visto hasta ahora en este capítulo –Cuadro 3.4. En él se detallan las variables más importantes para la toma de decisiones estratégicas y su evolución esperada en cada etapa del ciclo de vida de la industria. Esta tabla complementa el Diagrama 3.8.

	ETAPA EVOLUTIVA		
Variable	Emergente	Desarrollo	Madurez
Precio promedio	Máximo	Medio	Mínimo
Costo medio	Máximo	Medio	Mínimo
Rivalidad	Baja	Media	Alta
Participación de mercado	Irrelevante	Inestable	Estable
Innovación de producto	Alta	Media	Baja
Innovación de proceso	Baja	Media	Alta
Número de competidores	Bajo	Creciente	Decreciente/Estable
Entrada neta de competidores	Positiva	Positiva	Negativa/Estable
Distribución de la población	Modal	Modal	Bimodal
Tamaño promedio de negocios	Pequeño	Mediano	Grande/Pequeño

Cuadro 3.4. Detalle de la evolución de las variables industriales más relevantes.

Un comentario aclaratorio: las últimas dos filas se refieren a la aparición de competidores exitosos con estrategias de nicho. Por lo tanto, al entrar en la madurez, la industria pasa a tener dos subpoblaciones: una compuesta por los grandes sobrevivientes del período de consolidación o *shake out*, y otra, por los competidores de nicho.

3.4. La evolución industrial en números. Ejemplos de industrias en Estados Unidos

La descripción hecha hasta ahora puede parecer razonable, pero siempre nos queda la inquietud sobre la validez empírica de lo dicho. ¿Hay evidencias que muestren patrones evolutivos en las industrias como los descriptos anteriormente? ¿Cuánto dura cada etapa? ¿Qué ejemplos concretos podemos observar respecto de la evolución de la cantidad de competidores, precios promedios, etcétera?

Distintos estudios científicos se han dedicado a responder estas preguntas. La gran mayoría toman como momento cero el instante en el que se lanza al mercado el primer producto comercial basado en la innovación que da origen a la industria. Es decir que no consideran a las organizaciones que en la etapa emergente hicieron inversiones en pos de obtener esa innovación. Esto es así, sencillamente, porque resulta muy difícil identificar empíricamente a esas organizaciones.

Es probable que quien haya desarrollado estudios empíricos más extensos al respecto sea Steven Klepper. En una de sus publicaciones, junto con Elizabeth Graddy, ha descripto la evolución de múltiples industrias durante el siglo XX en los Estados Unidos[2]. Vamos a mostrar estos resultados particu-

---

2. Klepper, S., y Graddy, E.: "The Evolution of New Industries and the Determinants of Market Structure", *RAND Journal of Economics,* 21, 1990.

lares, y que han sido confirmados en estudios más recientes sobre industrias de alta tecnología[3].

La primera pregunta que ilustraremos es la de duración de cada etapa. La etapa 1 se corresponderá con la de desarrollo, la etapa 2 con el período de *shake out* de la etapa de madurez y la etapa 3 con el período de estabilización de la etapa de madurez. El Cuadro 3.5 resume la información en años en que la industria está en cada etapa.

Industria	Período	Etapa 1	Etapa 2	Etapa 3
Calefacción radiante	1946-1981	25	10	
Compresores	1935-1981	45	1	
Computadoras	1935-1981	46		
Cristales	1936-1981	31	4	10
DDT	1943-1981	9	22	7
Aparatos para electrocardiograma	1914-1981	50	17	
Mantas eléctricas	1911-1981	51	13	6
Afeitadoras eléctricas	1930-1981	8	4	39
Motores a propulsión	1943-1981	21	8	9
Motores para cohetes	1944-1981	37		
Lámparas fluorescentes	1938-1981	2	1	40
Congeladores	1929-1981	25	18	9
Giroscopios	1911-1981	55	15	
Láseres	1960-1981	21		
Máquinas de calcular	1889-1981	38	19	35
Misiles guiados	1950-1981	12	19	
Motores fuera de borda	1908-1981	9	6	58
Nailon	1939-1981	34		
Pinturas a base de goma	1933-1981	33	15	
Penicilina	1943-1981	7	23	8
Bolígrafos	1945-1981	36		
Fotocopiadoras	1940-1981	25	11	5
Medidores de polarización lumínica	1906-1981	50	11	14
Bombas de calor	1953-1981	28		
Radares	1940-1981	22	19	

3. Véase Agarwal, R.; Sarkar, M. B., y Echambadi, R.: "The Conditioning Effect of Time on Firm Survival: An Industry Life-Cycle Approach", *Academy of Management Journal*, 45, 2002.

Transmisores de radio	1922-1981	40	13	6
Reactores nucleares	1942-1981	22	17	
Lectores de microfilmes	1929-1981	49	3	
Fonógrafos	1887-1981	36	9	45
Sacarina	1906-1981	12	9	45
Champú	1898-1981	51	1	31
Estreptomicina	1945-1981	8	19	9
Tanques	1959-1981	8	1	13
Cintas para grabación	1947-1981	32	2	
Telémetros	1928-1981	34	17	
Aparatos de TV, blanco y negro	1929-1981	26	18	
Llantas para autos	1896-1981	26	10	49
Transistores	1948-1981	33		
Árboles navideños artificiales	1912-1981	52	17	
Tubos	1922-1981	37	7	15
Turbinas	1936-1981	45		
Limpiaparabrisas	1914-1981	11	9	47
Cierres	1904-1981	55	13	9

Cuadro 3.5. Evolución en tiempo de las distintas etapas de la industria.

Puede observarse que existe una enorme variación en los tiempos de cada etapa. En promedio, las industrias de Estados Unidos permanecen algo más de un cuarto de siglo en la etapa de desarrollo y un cuarto de siglo en la de madurez.

La evolución de la cantidad de competidores también muestra importantes variaciones entre industrias, como puede observarse en el Cuadro 3.6. La segunda columna lista la cantidad de firmas al pasar de la etapa de desarrollo de la de madurez, mientras que la tercera columna lista la pérdida de empresas durante el *shake out*.

Es interesante enfatizar que mientras en algunas industrias o sectores casi no desaparecen empresas en la etapa de *shake out* (por ejemplo, industrias de champú), en otras la concentración industrial es muy fuerte (por ejemplo, industria de llantas para autos). Tal como anticipamos en las secciones anteriores, el motivo de estas diferencias habrá que buscarlo en las diferentes propiedades estructurales de las distintas industrias.

Congeladores	Firmas en la cumbre	Bajas netas en etapa 2	Cambio (%)
Cristales	45	17	0,38
DDT	38	33	0,87
Mantas eléctricas	17	11	0,65
Afeitadoras eléctricas	32	18	0,56
Motores a propulsión	29	9	0,31
Lámparas fluorescentes	34	79	0,41
Congeladores	61	38	0,62
Máquinas de calcular	55	28	0,51
Motores fuera de borda	21	8	0,38
Penicilina	30	24	0,80
Fotocopiadoras	43	23	0,53
Medidores de polarización lumínica	16	6	0,38
Transmisores de radio	76	55	0,72
Fonógrafos	49	30	0,61
Sacarina	39	28	0,72
Champú	114	5	0,04
Estreptomicina	13	11	0,85
Tanques	84	29	0,35
Llantas para autos	275	211	0,77
Tubos	39	11	0,28
Limpiaparabrisas	51	30	0,59
Cierres	49	9	0,18
Promedio			0,52

Cuadro 3.6. Evolución de la cantidad de competidores

Finalmente, veamos qué pasa con las ventas totales y los precios promedios de las industrias. El Cuadro 3.7 muestra un resumen de lo obtenido en el estudio de Klepper y Graddy. Las columnas indican la caída anual de precios en el quinquenio señalado en los títulos.

	Período					
Cambio anual	1 a 5	6 a 10	11 a 15	16 a 20	21 a 25	26 a 30
Ventas	49,8	15,5	8,6	3,4	2,7	1,9
Precios	−12,6	−8,1	−6,6	−6,0	−3,2	−2,6

Cuadro 3.7. Evolución de las ventas totales y del precio promedio.

Puede observarse cómo el aumento de ventas anual y el descenso anual de los precios es muy fuerte en los primeros quinquenios, para luego ir estabilizándose con valores vegetativos. En esta sección, hemos repasado estudios empíricos que detallan la evolución de distintas industrias de Estados Unidos. Queda para el próximo capítulo estudiar estos datos en las industrias de las economías emergentes. Pasamos ahora a analizar el concepto de grupo estratégico, lo que nos permitirá comenzar a introducirnos en el tema de atractividad de la industria.

3.5. Los grupos estratégicos y el posicionamiento de los negocios

Cada organización es única. Sin embargo, como hemos visto, organizaciones diferentes suelen satisfacer necesidades similares con modelos de negocios semejantes, dando sustento al concepto de industria o sector. A pesar de estas coincidencias, pensar en términos de industria muchas veces resulta de poca relevancia práctica para las organizaciones a la hora de formular estrategias. Creemos que la razón fundamental reside en un uso inadecuado de la definición de industria. En general, el concepto de industria que se usa es el determinado por el Estado, quien ubica a diferentes empresas en un mismo nomenclador o con la misma clasificación. Así, se encuentra dentro de la clasificación[4] de industria de alimentos, tanto la fabricación de hielo como la de jugos en polvo para diluir, cuando las empresas proveedoras de ambos productos poco tienen que ver entre sí, y raramente ellas se considerarían competidoras. Este concepto de industria no es tan relevante para una organización a la hora de diagnos-

---

4. Fuente: Codificador de Actividades, Administración Federal de Ingresos Públicos, Argentina (www.afip.gov.ar).

ticar y formular su estrategia como sí lo es poder identificar, con la mayor exactitud posible, las empresas con las cuales compite directamente. Al conjunto de competidores próximos, que satisfacen la misma necesidad puntual que nuestra organización, se lo conoce como *industria relevante* o *grupo estratégico*.

El grupo estratégico es un concepto de agrupación intermedio entre la industria y la empresa tomada aisladamente. En el Capítulo 1, "El contenido de la estrategia", mostramos estudios que descomponían el resultado de una organización en distintos factores explicativos: el efecto empresa, el efecto industria y el efecto país. Siguiendo la línea argumental de este apartado, el efecto industria debería ser separado del efecto grupo estratégico. Esta es una tarea que presenta enormes desafíos empíricos, muchos de los cuales están empezando a superarse. En un reciente estudio, Short, Ketchen Jr., Palmer y Hult muestran que el efecto grupo estratégico es de magnitud algo superior que el efecto industria[5]. De esta manera, parecen confirmar la importancia de una clara identificación del grupo estratégico a la hora de diagnosticar y formular la posición competitiva de una UEN.

En el momento de la madurez pueden convivir distintos modelos de negocios, algunos más genéricos y otros más de nicho. Es muy importante para las organizaciones tener en cuenta las propiedades de su grupo estratégico con el fin de posicionarse adecuadamente en el momento de entrada en la madurez industrial. Por ejemplo, puede ser que un grupo estratégico tenga importantes barreras de entrada debido a la presencia de marcas y otro tenga fuertes economías de escala en distribución, compitiendo así de modo distinto aunque con un producto algo similar El análisis estratégico

---

5. Short, J.; Ketchen Jr., D.; Palmer, T., y Hult, T.: "Firm, Strategic Group, and Industry Influences on Performance", *Strategic Management Journal*, 28 (2), 2007.

nos debe llevar a identificar dónde queremos estar; esto es, definir dónde queremos posicionar el negocio. A su vez, el análisis estratégico deberá proveernos de las herramientas para identificar las propiedades estructurales que hay que respetar si se quiere estar posicionado en un determinado grupo estratégico cuando la industria llegue a su etapa de madurez.

Los límites del grupo estratégico pueden depender del tamaño (en industrias de alta concentración), de la situación geográfica (en industrias donde la localización es clave) o de tipo de producto (en industrias donde la diferenciación es marcada). Es decir que consideraremos a ciertas organizaciones como dentro de nuestro grupo estratégico, si son de un tamaño similar al de la nuestra, comparten mercados geográficos y ofrecen productos semejantes a los nuestros.

El Cuadro 3.8 - Parte 1 ilustra el concepto con dos ejemplos. En Latinoamérica, vemos a Disney Channel dentro de la división Televisión de The Walt Disney Company de la región. El grupo estratégico de Disney Channel debería estar dado por las ofertas de los canales infantiles regionales de los competidores de Disney en el ámbito mundial: Paramount, Viacom y NewsCorp. Por otro lado, vemos a Coca-Cola en un grupo estratégico muy pequeño, constituido simplemente por Pepsi. Ninguna otra empresa resulta más relevante para Coca-Cola en términos productivos o comerciales que Pepsi, aunque técnicamente el universo de oferta de bebidas para un consumidor sediento esté poblado por una variedad muy amplia de bebidas.

Cuando a las características del grupo estratégico se les suma un análisis de la cadena de valor utilizada para proveer el producto o servicio, se tiene una idea bastante acabada de cuál es el grupo estratégico en que compite una empresa. Esta tarea facilita enormemente el análisis estratégico de una UEN.

El grupo estratégico de una organización está dado por el conjunto de sus competidores cercanos: aquellas organizaciones que satisfacen la misma necesidad puntual con un modelo de negocio similar.

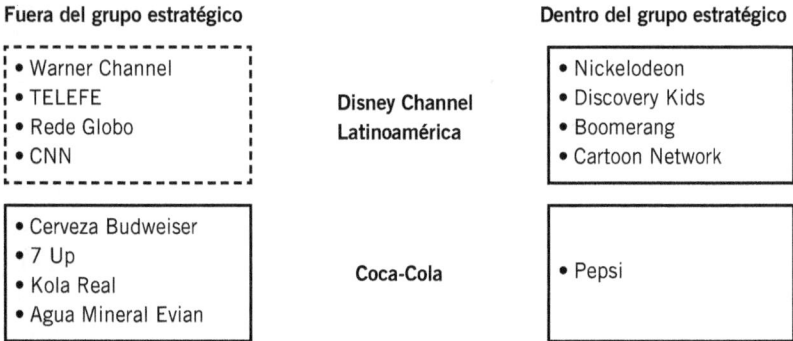

Fuera del grupo estratégico

- Warner Channel
- TELEFE
- Rede Globo
- CNN

Disney Channel Latinoamérica

Dentro del grupo estratégico

- Nickelodeon
- Discovery Kids
- Boomerang
- Cartoon Network

- Cerveza Budweiser
- 7 Up
- Kola Real
- Agua Mineral Evian

Coca-Cola

- Pepsi

Cuadro 3.8 - Parte 1. Ejemplos en la definición de grupo estratégico. Las conjeturas acerca de la pertenencia de las empresas a un mismo grupo estratégico fueron realizadas exclusivamente por los autores.

Pueden presentarse dificultades en industrias cuyos límites no están del todo claros. El Cuadro 3.8 - Parte 2 muestra interrelaciones de los grupos estratégicos de Nokia y Google, dos organizaciones que, a simple vista, parecerían ser más colaboradoras que competidoras.

Nokia y Google:

¿Un mismo grupo estratégico?

Nokia, la empresa finlandesa fabricante de equipos celulares, líder en el mercado global, debería mirar en primer lugar a sus competidores cercanos (Samsung, Motorola, Sony Ericsson y, más recientemente, Apple, luego del lanzamiento del iPhone). La organización también debería monitorear el comportamiento de quienes han entrado recientemente a la industria, como Pantech y Kyocera, que si bien no forman parte del grupo estratégico por tamaño y complejidad de productos, bien podrían hacerlo en el futuro. El escenario estratégico se complicó en agosto de 2007 cuando Google mostró a analistas de la industria un prototipo de su teléfono celular. El ingreso al mercado de hardware por parte de un gigante de Internet es una amenaza de ingreso a su grupo estratégico que Nokia no debería desconocer.

Por otro lado, la creación de Ovi, una UEN de Nokia dedicada a proveer servicios a usuarios de Internet, irrumpe en el grupo estratégico de Google. La competencia directa de Google está asociada a Yahoo! y a

Microsoft en una variedad de productos. Google también enfrenta la competencia local o regional de empresas de servicios de Internet como GMX (Alemania), Bluewin (Suiza) y Baidu (China) que, si bien no se encuentran en su grupo estratégico global, deben ser monitoreadas. El lanzamiento de una plataforma de servicios on-line para generar, almacenar, publicar y compartir contenidos por una empresa líder en hardware constituye una amenaza a la relativa estabilidad de los miembros del grupo estratégico de Google.

Estos límites difusos de los grupos estratégicos tenderán a desaparecer a medida que la industria de tecnología y la de medios y entretenimiento, actualmente en convergencia, se consoliden y maduren.

Cuadro 3.8 - Parte 2. Límites del grupo estratégico. Las conjeturas acerca de la pertenencia de las empresas a un determinado grupo estratégico fueron realizadas exclusivamente por los autores.

3.6. El caso de las industrias de commodities

Las industrias de commodities tienen particularidades que generan procesos evolutivos de naturaleza diferente de las de bienes y servicios. El cobre, el petróleo y los cereales son ejemplos de commodities. En esta sección vamos a señalar algunas pautas evolutivas de estas industrias, sobre todo para diferenciarlas de lo visto anteriormente.

En general, no es apropiado hablar de una innovación radical en el producto, sin perjuicio de que algunos cambios tecnológicos hayan producido una revolución en el modo de producir y en las propiedades del producto (la manipulación genética de los cereales es un ejemplo). La estandarización del producto y la intervención estatal en estos mercados introducen un dinamismo global-local que no permite extrapolar sin más a estos contextos los procesos evolutivos antes descriptos.

Empecemos por describir la evolución de los precios de algunos commodities. El Gráfico 3.1 describe, en valores de dólares corrientes y constantes, la evolución de los precios promedio de una canasta de cereales (arroz, maíz, soja y trigo).

El valor que importa mirar es el de los precios en moneda constante. Puede observarse una suave tendencia a la baja de los precios promedio de estos "commodities blandos".

Precio internacional de los commodities
Base 1967 = (U$S corrientes)

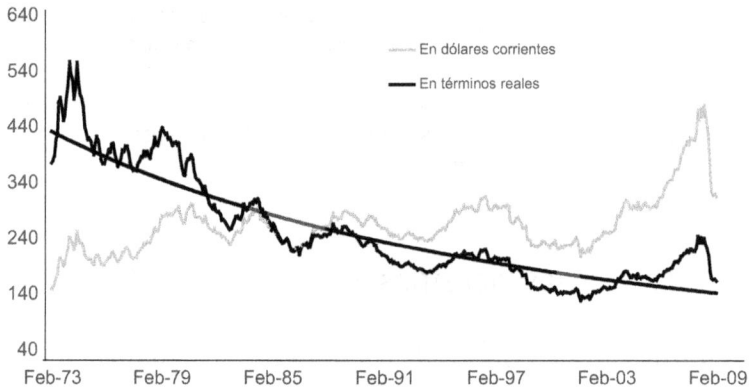

Gráfico 3.1. Evolución de los precios de una canasta de "commodities blandos".

La evolución de los precios promedio parecería indicar un patrón evolutivo similar al de las industrias descriptas anteriormente. Sin embargo, esta evolución cambia cuando vemos otros commodities, como los metales y el petróleo crudo. El Gráfico 3.2 describe, en valores constantes, la evolución en ambos casos. Aquí, afirmar la tendencia a la baja es más difícil.

Al estudiar la industria de commodities, es útil caracterizar la evolución como la alternancia de períodos de exceso de oferta y precios bajos con períodos de exceso de demanda y precios altos. Dentro de estos subperíodos, las fuerzas de imitación siguen actuando de manera implacable. Sin embargo, se dan con una dinámica diferente.

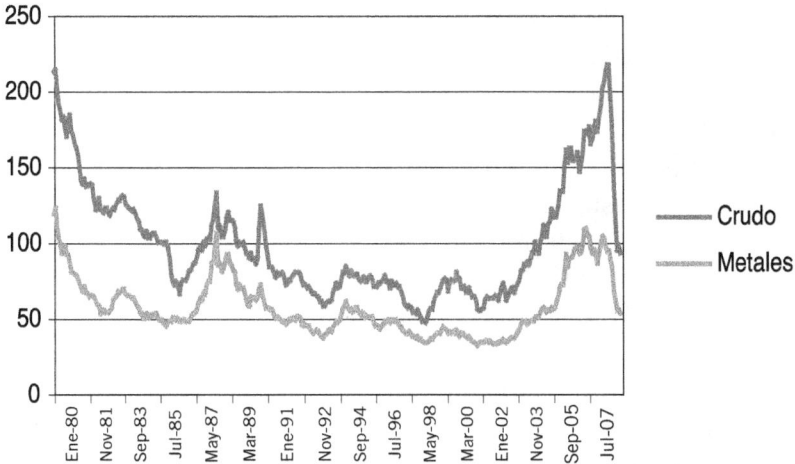

Gráfico 3.2. Evolución de los precios de los metales y del petróleo crudo, en dólares constantes de 1985.

En el período de exceso de demanda, los precios relativos del commodity son altos. Este período de bonanza invita a aumentar la producción. Dado que las industrias de commodities suelen funcionar con altas inversiones, la reacción de la oferta es demorada. Al intentar aumentar la oferta, en el corto plazo las empresas empiezan a competir entre sí por una cantidad relativamente limitada de insumos especializados y por los proveedores que puedan atenderlas. Por eso, antes que una presión en los márgenes existe una presión de costos.

En algún momento, las inversiones fijas empiezan a tener efecto en la producción, lo que resulta en un alto incremento de la producción y genera un exceso de oferta. Este exceso de oferta provoca la salida de algunos competidores, una fuerte caída de los márgenes, y el reacomodamiento a la baja de los costos de los insumos. Este período de exceso de oferta se mantiene hasta que el ajuste en la cantidad de empresas, junto con el natural aumento de la demanda, vuelve a crear un contexto de exceso de demanda, y se reinicia el ciclo.

3.7. Evaluación de la atractividad de la industria: las cinco fuerzas competitivas de Porter

Hasta ahora, hemos descripto algunas propiedades de las industrias individualmente. Las industrias, sobre todo en el momento de su madurez, enfrentan presiones competitivas que conviene sistematizar y ordenar para entender mejor su potencial. De los múltiples esquemas existentes para analizar las presiones competitivas, tal vez el más famoso sea el de las *cinco fuerzas competitivas* de Michael Porter. Este esquema analiza la atractividad de una industria mediante la combinación de cinco fuerzas competitivas que se presentan en el Diagrama 3.9.

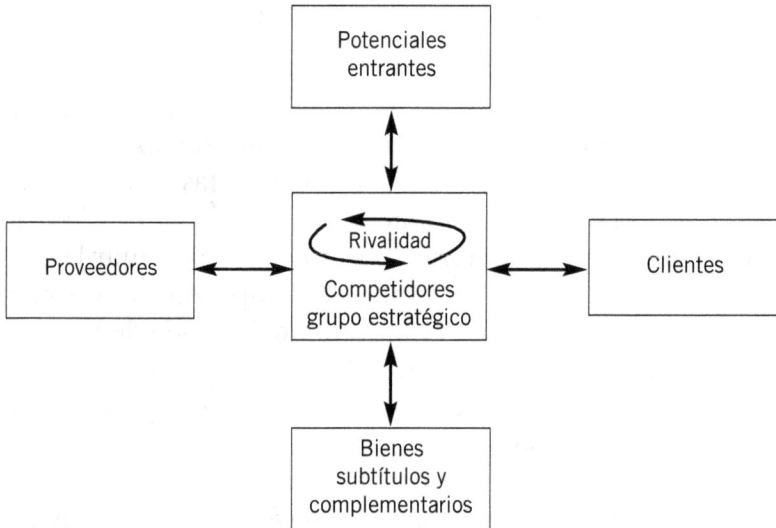

Adaptado de Porter, M. E.: *Competitive Strategy: Techniques for Analyzing Industries and Competitors*. The Free Press, Nueva York, 1980.

Diagrama 3.9. Las cinco fuerzas competitivas.

El modelo de Porter toma como premisa los aspectos *estructurales* de la industria. Asume que la forma en que se interrelacionan esas cinco fuerzas en una industria determinará las posibilidades de rentabilidad de las empresas que compiten en ella. Al ser un modelo cualitativo, no indica cómo calcular cuantitativamente el nivel de atractividad de una industria, pero sí permite estimar tendencias y hacer predicciones generales sobre el comportamiento de la industria. La mayor parte de estas fuerzas ya han sido vistas a lo largo de este capítulo. Aquí las detallamos brevemente y, sobre el final, haremos un comentario general sobre la atractividad de la industria.

1. *Los competidores y la rivalidad interna*: esta fuerza se refiere al accionar de los competidores en una industria, quienes pugnan por obtener una mayor participación de mercado. Para definir a los competidores que se incluirán en esta fuerza, debemos tener en cuenta no el total de la industria, sino el grupo estratégico del que nuestra organización forma parte.

La rivalidad puede manifestarse en dos dimensiones: precio y producto. La rivalidad en precios generalmente se presenta entre industrias maduras, donde los competidores han desarrollado economías de escala, economías de aprendizaje, u otro tipo de ventaja en costos. La rivalidad entre productos se da a través de la diferenciación: las organizaciones buscarán dar al producto características que resulten valiosas para el consumidor y que sean difíciles de imitar por la competencia, como medio para lograr fidelidad y ventas mayores.

2. *Potenciales entrantes y su amenaza de ingreso*: la entrada de nuevos competidores disminuye los beneficios de quienes ya compiten en la industria. Para defenderse de los potenciales entrantes, las empresas competidoras recurren a la generación de *barreras de entrada*. Estas barreras pueden ser estructurales (aquellas que nacen de los requerimientos tecnológicos necesarios para competir: economías de escala, acceso a recursos clave, economías de aprendizaje, etc.) o estratégicas (las construidas a partir de decisiones de las

propias empresas: productos altamente diferenciados, respuesta esperada de los competidores actuales frente al ingreso de un nuevo competidor, etc.). Las barreras de entrada tienden a afectar a la frecuencia con que nuevos competidores entran a una industria.

3. Bienes sustitutos y complementarios: esta tercera fuerza se refiere a productos o servicios que limitan la demanda del nuestro. Sustitutos son aquellos bienes que satisfacen la misma necesidad que el producto de nuestra organización, pero cuyo fabricante opera en un grupo estratégico diferente. La presencia de sustitutos erosionará los beneficios de nuestra industria e intensificará tanto la rivalidad interna como la amenaza de potenciales entrantes. Si aumentamos el precio de nuestro producto, la cantidad demandada por nuestros consumidores tenderá a caer, mientras que la cantidad demandada del producto sustituto aumentará en forma proporcional. Es decir que los consumidores sustituirán nuestro producto, ahora más caro, por una alternativa más accesible ofrecida por el sustituto (asumimos, obviamente, que los costos de cambio son despreciables).

Los bienes complementarios son aquellos que favorecen la demanda de los productos de nuestra empresa, porque su consumo está relacionado con el de estos. Generalmente ocurre que a mayor demanda de bienes complementarios, más aumenta la cantidad demandada de nuestro producto.

4. Los proveedores y su poder de negociación: esta cuarta fuerza está relacionada con el concepto de cadena de valor, más concretamente con sus instancias *up-stream*, las más cercanas a las fuentes de insumos. El poder de negociación de los proveedores será mayor y limitará más la rentabilidad de nuestra industria si:

- Los proveedores están muy concentrados.
- Las empresas de nuestra industria deben hacer inversiones que se adaptan específicamente a los insumos provistos por un determinado proveedor.

- Las compras de nuestra empresa representan un porcentaje pequeño de las ventas totales del proveedor.
- No existen sustitutos cercanos para el insumo en cuestión.
- Los proveedores están en condiciones de integrarse verticalmente y convertirse en competidores.
- Los proveedores tienen la posibilidad de discriminar precios, cobrando a cada competidor de nuestra industria exactamente lo que él esté dispuesto a pagar.

5. *Los clientes y su poder de negociación*: esta quinta fuerza también está relacionada con el concepto de cadena de valor, esta vez con sus instancias *down-stream*, las más cercanas al cliente final. La situación con respecto a los clientes es similar a la que antes vimos con los proveedores. Los clientes desarrollan poder de negociación y pueden limitar la rentabilidad de nuestra industria si:

- Nuestra industria está muy atomizada o nuestros clientes se encuentran muy concentrados.
- Nuestra empresa ha hecho inversiones para producir bienes adaptados a los requerimientos de un determinado cliente.
- No proveemos un insumo estratégico para el cliente.
- Existen sustitutos cercanos para nuestro producto.
- Son bajos los costos de cambiar de producto o de comprar sustitutos.
- El cliente tiene posibilidades de "integrarse hacia atrás", convirtiéndose en competidor.

Las cinco fuerzas competitivas actúan a manera de fricciones, frenando el proceso de imitación. Su adecuada comprensión puede dar una ventaja temporal que impacte directamente en el cuadro de resultados pero específicamente no será el resultado de una capacidad organizacional diferente. Esto se conoce como el *resultado del posicionamiento* y ha generado un enfoque de la estrategia basada en el poder de mercado, tal como lo explicamos antes. Por su énfasis en la posición, nos parece que este marco conceptual es de mayor utilidad práctica para entender la etapa de madurez, pero no tanto en las otras etapas del ciclo de vida de la industria. El modelo también tiene otras restricciones. Por construcción, asume que no existe colaboración entre los participantes de las cinco fuerzas, mientras que con frecuencia observamos en la realidad este fenómeno, llamado *co-opetition*. Los estudios de Adam Brandenburger y Barry Nalebuff[6] demuestran que empresas que aparentemente mantienen objetivos antagónicos colaboran para "agrandar la torta" del mercado, y luego compiten para decidir cómo repartir el valor creado. Por último, el modelo no incorpora adecuadamente el marco institucional propio de los países emergentes, tema del próximo capítulo.

---

6. Brandenburger, A., y Nalebuff, B.: *Co-Opetition: A Revolution Mindset That Combines Competition and Cooperation*. Doubleday, Nueva York, 1996.

CAPÍTULO 4

LA EVOLUCIÓN DE LOS PAÍSES

Las industrias o sectores evolucionan dentro de los paises, que a su vez son realidades altamente ricas y complejas, con su propios patrones evolutivos. Para abordarlas, es de mucha utilidad proceder a algunas simplificaciones. En concreto, hay dos aspectos del entorno país que afectan a la evolución de las industrias y, por consiguiente, el entorno competitivo en el cual operan las empresas. El primero se refiere a la evolución de su economía o, más precisamente, a la evolución de los agregados macroeconómicos. Una industria o sector evolucionará anidada en una economía y lo que pase en esta afectará de lleno en la industria. El segundo aspecto se refiere a la configuración institucional. Las instituciones determinan las reglas de juego con las que se mueven las industrias y las empresas. La posibilidad de actuar sobre estas reglas de juego da lugar a un conjunto de estrategias llamadas "de no mercado". Reconocemos que ambos aspectos están intrínsecamente unidos, pero también observamos que tienen entidades propias que merecen su abordaje por separado.

Siguiendo esta lógica, presentaremos este capítulo basado en dos pilares. En la primera parte, analizaremos y caracterizaremos la evolución del contexto macroeconómico en los países desarrollados y en los emergentes. En la segunda parte discurriremos acerca de las estrategias de no mercado. Buscamos dar respuesta a distintas preguntas: ¿en qué sentido es distinto competir en una economía emergente que en un entorno desarrollado? ¿Qué parte del análisis industrial se ve afectado por los entornos emergentes? ¿Qué deberemos cambiar y qué podremos mantener? ¿Qué significa el largo plazo en países donde la volatilidad parece haber sido la norma de comportamiento del último cuarto de siglo? ¿Cómo afecta el entorno institucional a la estrategia de nuestra empresa?

Para iluminar estas preguntas, iremos apelando a información estadística de países latinoamericanos, y la iremos comparando, cuando sea conveniente, con datos de Estados Unidos.

4.1. El ciclo económico

Toda economía fluctúa entre períodos expansivos y recesivos. Esta es una ley implacable de las economías: no existe entorno que pueda abstraerse de ella. Se la conoce como ciclo económico.

Al analizar un país desarrollado y compararlo con uno emergente, el ciclo económico presenta diferencias no triviales que tienen un impacto fundamental en el planeamiento estratégico. Pensar en el ciclo económico en el mundo desarrollado es similar a pensar en el movimiento de las mareas. Existen períodos en que el caudal de recursos económicos aumentará, hasta alcanzar la "pleamar". Luego, ese movimiento será más bien contractivo, hasta que la presencia de una "bajamar" indique el fin del ciclo recesivo y el nacimiento suave de una nueva expansión. Los ciclos se repetirán de manera ciertamente predecible, al igual que la cadencia de las mareas, y la magnitud de las variaciones será relativamente moderada.

El ciclo de vida de una economía emergente suele diferir sustancialmente de esta dinámica. Ya no se tratará del ir y venir de las mareas sino, más bien, de la expansión y contracción de un resorte. Durante un período, la expansión de la economía será acelerada, casi atropellada. Luego, sin solución de continuidad, la economía enfrentará una contracción violenta para reiniciar con gran intensidad un nuevo ciclo expansivo. La característica de su regularidad será la violencia de los ciclos.

Algunas figuras nos pueden ayudar a tomar perspectiva de lo que estamos hablando. Comparemos el país desarrollado más grande del mundo, Estados Unidos, con una de las economías emergentes más inestables, la Argentina. El Gráfico 4.1 traza la evolución del producto bruto interno (PBI) de cada país durante el período 1950-2004. Para facilitar la comparación de ambos procesos evolutivos, las series fueron reescaladas con base 100 en el año 2000. Esto es, aunque el tamaño de la economía de Estados Unidos era casi 35 veces mayor que el de la economía de la Argentina, ambas aparecen en el mismo nivel en el año 2000.

Al comparar ambas trayectorias, es posible observar las diferencias en el ciclo.

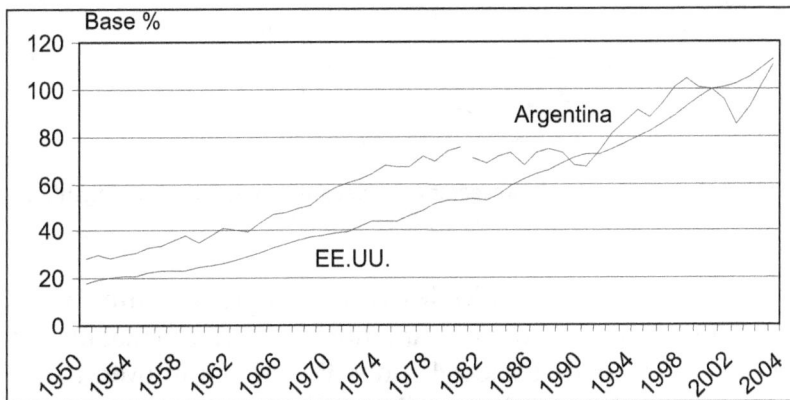

Gráfico 4.1. Evolución del PBI de la Argentina y Estados Unidos, índice base 100 en el año 2000.

Es evidente que mientras Estados Unidos crece alternando períodos suaves de recesión y expansión, la Argentina lo hace con cambios violentos, de tal manera que el gráfico de la evolución de su PBI parece más bien un electrocardiograma.

Veamos otras figuras para tener sensación de magnitud. Lo que haremos será comparar los desvíos del PBI con respecto a la trayectoria de crecimiento, algo que se conoce como los desvíos blanqueados. Tomamos un gráfico desarrollado por Vassolo, Díaz Hermelo y Rodríguez (2008) donde comparan los desvíos de dos países de extrema volatilidad, la Argentina y Venezuela, con los de Estados Unidos. El Gráfico 4.2 representa esta información para el período 1990-2006.

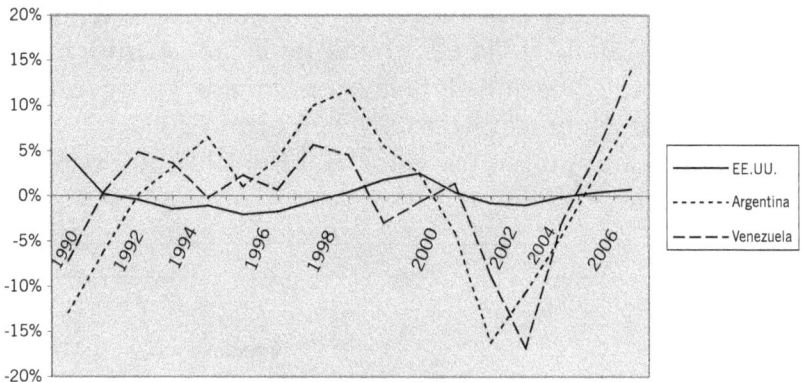

Gráfico 4.2. Desvíos de la trayectoria de crecimiento del PBI de la Argentina, Venezuela y Estados Unidos.

Los datos refuerzan lo descrito en el gráfico anterior. La magnitud de los desvíos en la Argentina y Venezuela más que triplican los desvíos en Estados Unidos. Podemos ir intuyendo que existe un modo muy distinto de hacer negocios y plantear el largo plazo en estos entornos. Es de particular interés destacar las fuertes variaciones de la demanda agregada en las economías emergentes comparadas con las economías desarrolladas, tanto en su contracción como en su expansión.

Hasta nos hemos centrado en el análisis de la variación del PBI. Otra variable de interés a considerar es su crecimiento. Vamos a caracterizar ambas dimensiones evolutivas para algunas economías de Latinoamérica, e incluiremos Estados Unidos como referente de una economía desarrollada. El período cubierto es 1990-2008. Los datos, resumidos en el Cuadro 4.1, incluyen el crecimiento anual del PBI y la volatilidad de dicho crecimiento. La volatilidad del crecimiento (los desvíos blanqueados) es un indicador similar al desvío estándar pero sin estar afectado por los sesgos que genera el crecimiento. Hemos confeccionado la información usando datos de la CEPAL y del Fondo Monetario Internacional.

Período 1990-2008

País	Crecimiento anual PBI	Volatilidad
Argentina	4,1%	7,0%
Bolivia	3,8%	1,9%
Brasil	3,0%	2,6%
Chile	5,4%	2,6%
Colombia	3,5%	4,2%
Ecuador	3,2%	4,3%
México	3,0%	2,4%
Paraguay	2,6%	3,6%
Perú	4,9%	5,2%
Uruguay	3,2%	6,2%
Venezuela	3,1%	6,6%
Estados Unidos	2,9%	1,2%

Cuadro 4.1. Crecimiento anual promedio del PBI y desvíos del PBI, período 1990-2008.

El Cuadro 4.1 permite hacer algunas observaciones de interés. La primera es confirmar que todos los países de Latinoamérica tienen una volatilidad mayor que la de Estados

Unidos. La segunda es destacar que 10 de los 11 países tienen para el mismo período un crecimiento promedio anual bastante mayor que el de Estados Unidos (2,9%), con Chile mostrando el mejor desempeño (5,4%), Perú el segundo (4,9%) y la Argentina el tercer mejor desempeño (4,1%)[1].

Sin embargo, no se observa una relación clara entre el crecimiento a largo plazo y la volatilidad. De esta manera, podemos anticipar mayor volatilidad del PBI de las economías emergentes, pero no necesariamente mayor crecimiento que en el mundo desarrollado. Por eso reviste gran interés explorar qué pasa durante los cambios para poder facilitar el armado de las estrategias empresariales.

El economista Guillermo Calvo ha estudiado ampliamente los cambios en la trayectoria del PBI de economías emergentes dentro de lo que llama *Sudden-Stops* y *Phoenix Miracles*. Un *Sudden-Stop* es una violenta contracción en el producto bruto interno del país, generado especialmente por una fuerte caída en los flujos de capital extranjero. Por el contrario, un *Phoenix Miracle* es una situación en que la economía renace de las cenizas al igual que el ave Fénix, y lo hace poco tiempo después de haber enfrentado una grave crisis. Caída y explosión de la demanda agregada son los resortes que describen las economías emergentes. ¿Cuán dramático es este fenómeno?

Para intentar dar respuesta a esta pregunta, Calvo, Izquierdo y Talvi estudiaron 33 procesos de contracción del PBI en 31 economías emergentes en el lapso de 25 años (1980-2004). En ese estudio detectaron que un tercio de estas contracciones eran recesiones leves, mientras que dos tercios eran *Sudden-Stops*. Los *Sudden-Stops* se dieron como

---

1. Los valores de Argentina para 2007 y 2008 están posiblemente sobre estimados como consecuencia de la intervención oficial del INDEC. Preferimos dejar la información oficial hasta que se normalice la situación del instituto. Hemos realizado el mismo análisis para el período 2000-2006, y no hay diferencias importantes en las conclusiones que se puedan extraer.

caídas promedios del PBI del 10% y las recuperaciones en promedio de 3 años. En términos prácticos empresariales, el desplazamiento de la demanda agregada se traduce en un desplazamiento transitorio de la curva de demanda que deben enfrentar las empresas. Luego de un *Sudden-Stop*, las cantidades de equilibrio a igual precio son marcadamente inferiores.

También observaron que la feroz contracción de la demanda agregada fue acompañada por profundos cambios en el costo de los factores de producción de la economía. El crédito desapareció durante la caída, y el valor relativo de los salarios disminuyó marcadamente. Otra vez, en términos prácticos empresariales, estos fenómenos implican la alteración de los precios relativos de bienes y servicios de la economía, y la imposición transitoria de presiones nada triviales sobre los modelos de negocio de las empresas.

Una nota interesante de estas crisis de las economías emergentes es que no vinieron en forma aislada, sino sistémica. Los inversores internacionales suelen considerar los países en bloques. Consecuentemente, el flujo de capitales también tiende a moverse en bloque dentro de los países que los inversores califican de similares. Así, los problemas macroeconómicos en un país pueden generar salidas de capitales de otros países similares desde el punto de vista de los inversores, pero con situaciones macroeconómicas a veces diferentes. La consecuencia es que, al salir capitales de un país que según sus indicadores macroeconómicos estaba bien, se produce por contagio una contracción violenta del PBI cuando nada indicaba que esto debiera suceder. Este fenómeno refuerza la volatilidad de las economías emergentes y hace más complejo anticipar un *Sudden-Stop*.

A pesar de las dificultades para predecir un *Sudden-Stop*, ciertos aspectos de los países emergentes elevan las probabilidades de enfrentar una crisis económica[2], a saber:

- Grandes desequilibrios macroeconómicos, como déficits fiscales, de cuenta corriente y de balanza comercial, los que llevan al Estado a acumular considerables cantidades de deuda externa.
- Financiamiento del déficit con deuda a corto plazo, lo que pone a la economía en riesgo de sufrir problemas de liquidez.
- Incertidumbre respecto de la credibilidad y solvencia del gobierno.
- Incertidumbre acerca de la validez a largo plazo de las políticas públicas.
- Regulación bancaria pobre y sistema financiero subdesarrollado que llevan a las organizaciones y a los individuos a depender de formas más costosas y riesgosas de financiamiento.

En este contexto lo más probable en los entornos emergentes es el cambio violento, con profundas alteraciones en los precios relativos de los bienes y servicios. Por eso una buena estrategia debe incorporar el ciclo macroeconómico en su diseño. Esta estrategia, en su forma más elemental, consiste en comprar o entrar cuando el ciclo macroeconómico está en su período de contracción y vender o salir cuando el ciclo expansivo esté mostrando aspectos de agotamiento. Esta estrategia de arbitraje tiene siglos, y ya el barón de Rothschild la sugería cuando decía que "hay que comprar cuando haya sangre en las calles".

La mayor limitación de las estrategias de arbitraje puras es que rompen con la naturaleza de la empresa, pues uno de sus fines es subsistir, permanecer en el largo plazo. El desafío es articular estas tensiones de corto plazo con procesos evoluti-

---

2. Roubini, N., y Setser, B.: *Bailouts or Bail-Ins? Responding to Financial Crises in Emerging Economie,* Peterson Institute, Washington, 2004.

vos de largo plazo, descriptos en el capítulo anterior como ciclos de vida de la industria. Para eso, la pregunta inicial será la siguiente: ¿hasta dónde es válido el ciclo de vida de la industria como patrón evolutivo en un contexto como el de las economías emergentes? Hacia este tema nos movemos.

4.2. El ciclo de vida de la industria en un contexto emergente

Casi no existen estudios que exploren el impacto de un ciclo macroeconómico como el de los países emergentes sobre el ciclo de vida de la industria. La caracterización que haremos en este apartado se basa en alguna evidencia anecdótica y en trabajos de simulación desarrollados por J. García Sánchez y R. Vassolo (2009).

Empecemos por la evidencia simple y, para ello, volvamos al gráfico de la evolución de la industria de teléfonos celulares en la Argentina que ahora será el Diagrama 4.1.

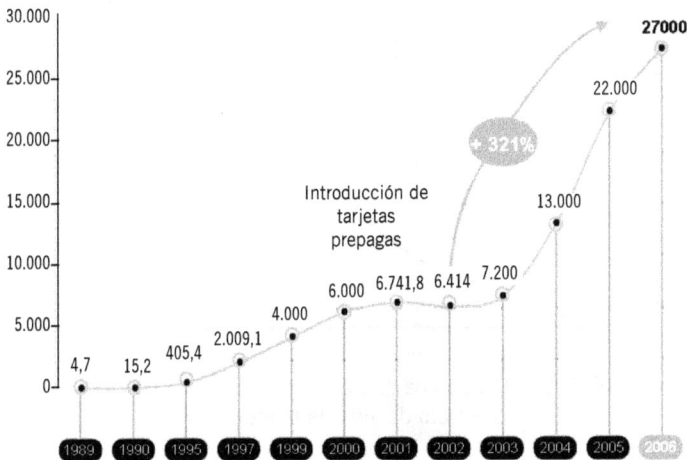

Fuente: *De la estrategia a la comunicación*, Grupo CCR sbre la base de datos del INDEC, agosto de 2006. Datos en miles de unidades.

Diagrama 4.1. El ciclo de vida de la industria en el negocio de la telefonía celular en la Argentina.

La Argentina enfrenta en el período 1989-2006 dos situaciones de *Sudden-Stop*. Una en 1989-1990 y otra en 2001-2002. La primera se da muy al inicio del ciclo de vida de la industria de celulares y tan solo parece demorar su desarrollo. La segunda aparece en plena etapa de desarrollo de la industria de los celulares. Parecería que el *Sudden-Stop* genera un freno en la etapa de desarrollo, para luego tener una recuperación acelerada del "tiempo perdido". Es decir, las contracciones violentas del PBI no parecen anular el proceso evolutivo central de las industrias (su ciclo de vida), sino demorar y luego fortalecer su desarrollo. Como primera conclusión, entonces, podemos esperar que el modelo evolutivo del ciclo de vida de la industria se mantenga en los países emergentes, aunque su comportamiento no sea tan suave como el que se da en el mundo desarrollado. El Diagrama 4.2 ilustra estos conceptos.

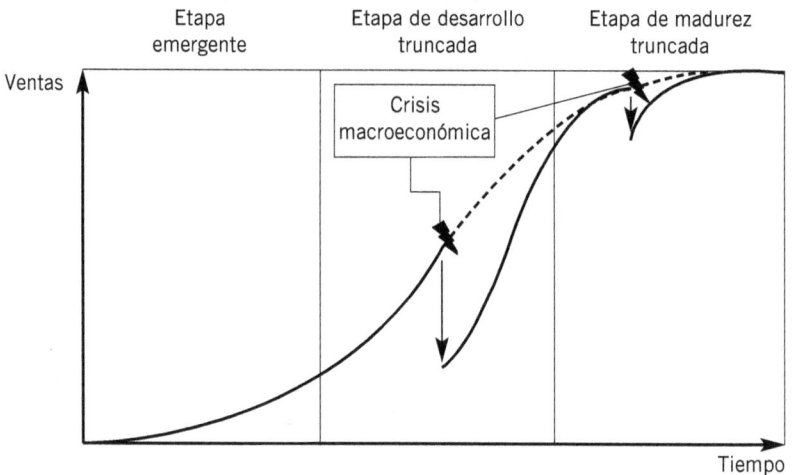

Diagrama 4.2. Efectos de una crisis macroeconómica sobre la evolución del ciclo de vida de la industria.

Sin embargo, aun cuando la demanda agregada de la industria siga la "S" característica del ciclo de vida de la industria, es posible que la presencia de crisis recurrentes altere estructuralmente la rivalidad de las industrias. En especial, el desplazamiento temporario de la demanda puede cambiar de modo permanente la estructura de la industria, sobre todo cuando el impacto sea tan fuerte que consiga el abandono del negocio de las empresas con mayor debilidad financiera. Recuperar el espacio perdido podrá ser, para estas empresas con menor capacidad de financiamiento, imposible en los tiempos de expansión económica. El resultado será la existencia de industrias más consolidadas si se lo compara con las industrias que evolucionan en entornos macroeconómicos estables.

Aquí aparece un fenómeno complejo. Por un lado, sabemos que en la madurez las industrias enfrentarán un período de consolidación que depende de sus propiedades estructurales. Por otro lado, la presencia de las crisis económicas puede también provocar procesos de consolidación, pero por razones distintas y en momentos diferentes. Será trabajo del estratega efectuar una buena discriminación de estos procesos para no tomar decisiones estratégicas incoherentes, respondiendo como si se tratase de un proceso cuando en realidad se trata de otro. Así, existen al menos dos tipos de confusiones que se pueden cometer al leer la situación de la industria en entornos emergentes. La primera es confundir la consolidación producida por la dinámica industrial con la que en realidad fue provocada por el shock macroeconómico. La segunda es identificar el crecimiento que se da como producto de un rebote macroeconómico con el crecimiento propio de la etapa de desarrollo de la industria.

4.3. El ciclo económico: implicancias en la formulación estratégica

Resumiendo los puntos anteriores: una empresa que se desempeñe en un entorno como el de las economías emergentes deberá enfrentar las siguientes condiciones:

1. Desplazamiento transitorio de la curva de demanda.
2. Aumento de la rivalidad competitiva como consecuencia del desplazamiento de la curva de demanda.
3. Ausencia transitoria de crédito en los períodos recesivos.
4. Cambios en los precios relativos de los factores de producción.
5. Posible consolidación relativa de las industrias, en comparación con industrias similares de países desarrollados.

En un entorno como el descripto, nacen algunas recomendaciones de formulación estratégica que incorporan el ciclo macroeconómico al ciclo de vida de la industria sin tener necesidad de ir a una estrategia de arbitraje basada únicamente en el ciclo macroeconómico.

Primero, saber que por encontrarnos en un entorno emergente es muy probable que debamos enfrentarnos a cambios abruptos en la demanda agregada, por lo que será necesario planificar la capacidad instalada (y por ende la estructura de costos fijos) de acuerdo con las crisis. Hacer esto, que parece ser algo trivial, se ha comprobado que es algo muy difícil, sobre todo cuando se viene de un rebote de la economía y parece que la expansión no terminará nunca. Entonces, la tensión nace entre la necesidad de minimizar los costos fijos y atender y cuidar la participación de mercado. Para ello, es necesario contar con mucha creatividad a la hora de prever la capacidad instalada.

Otro elemento de rigidez es el nivel de endeudamiento. En general, el grado de apalancamiento financiero debería ser menor en las empresas que se encuentren en entornos emergentes que para empresas similares en entornos estables.

Por otro lado, será recomendable mantener una relación equilibrada entre comercio exterior y mercado interno, tanto para protegerse de los cambios violentos de los precios relativos como para aprovechar las oportunidades provocadas por dichos cambios. Otro modo de ver este mismo concepto es que en estos contextos es imperioso diversificar el riesgo país.

Finalmente, siempre será positivo recordar que las empresas que cuidan especialmente su unidad organizacional podrán superar de mejor manera y enfrentar con una mirada menos turbia los períodos de tormenta macroeconómica. En este sentido, un equipo directivo unido puede ser la mejor defensa ante una crisis.

4.4. Las estrategias de no mercado

Existe todo un campo de la estrategia en entornos emergentes que tiene como destinatario el entorno institucional. Los vacíos y la debilidad regulatoria hacen que el entorno institucional sea una variable central en toda estrategia. Dado que el entorno institucional es un presupuesto básico para la existencia de las dinámicas de la industria, estas estrategias se conocen como estrategias de no mercado.

Podríamos intuir que la ausencia o el inadecuado funcionamiento de las instituciones relacionadas con aspectos como la regulación de mercados y la defensa de la competencia favorecen la presencia de estructuras industriales más concentradas en nuestra región que en el mundo desarrollado. Patricio Meller[3], en un estudio realizado en 1978 sobre el grado de concentración de 18 industrias del sector manufacturero en 10 países latinoamericanos, concluyó que:

- Los países latinoamericanos tienen una estructura de concentración similar entre sí, es decir que las industrias que en un país presentan elevada concentración también tienden a estar concentradas en el resto de los países de la región.

---

3. Meller, P.: "The Pattern of Industrial Concentration in America", *The Journal of Industrial Economics*, XXVII, 1978.

- Los países pequeños tienen niveles de concentración industrial más elevados que los países de mayor tamaño. En Latinoamérica, existe entonces una relación entre el tamaño del mercado doméstico y el nivel de concentración.

Por otro lado, la propiedad de las grandes empresas está más concentrada en esta región que en el mundo desarrollado. Cuando esta concentración se ve acompañada de instrumentos imperfectos para asegurar la defensa de la competencia, la capacidad de los grandes grupos de hacer *lobby* y alterar en su favor las fuerzas de poder en una industria puede ser inusitadamente grande. El Cuadro 4.2 presenta un ejemplo al respecto.

Triple-play en la Argentina

Con una alta penetración de televisión por cable (50%, frente al 20/25% en el resto de la región), un creciente número de usuarios residenciales de banda ancha y una población culturalmente predispuesta hacia la interactividad, la Argentina era considerada en el año 2007 una candidata ideal para implementar los servicios de triple-play (Internet de banda ancha, televisión y telefonía ofrecidos por un mismo proveedor a través de una única boca de acceso al hogar). Sin embargo, el tema presentaba una fuerte controversia.

Se esperaba que la integración de servicios prometida por el *triple-play* facilitase el acceso de los usuarios a servicios interactivos de valor agregado. Las empresas de telecomunicaciones estaban ávidas por comenzar a ofrecer estos contenidos. Sin embargo, aun teniendo las capacidades, ninguna de ellas podía hacerlo por causa de una restricción legal.

La legislación argentina determinaba que las empresas que proveyesen servicios de telecomunicaciones no podrían ofrecer contenidos de radiodifusión. También fijaba porcentajes máximos en la estructura de capital de las empresas de radiodifusión, como una manera de limitar la participación de inversores extranjeros fuertemente posicionados en telecomunicaciones. Esta ley, que favorecía a los grandes grupos de medios locales poco instalados en telecomunicaciones, retrasaba innecesariamente la convergencia de una industria que en otros países de la región y el mundo estaba teniendo un alto impacto.

Cuadro 4.2. Grupos de interés en la implementación de *triple-play* en la Argentina.

Las estrategias de no mercado constituyen un campo a tener en cuenta y que debe ser tratado con mucho cuidado, ya que pueden generar situaciones éticas no menores. Como regla general, es importante destacar la debilidad institucional de las economías emergentes y la necesidad de que las empresas hagan algo al respecto. Los planes estratégicos deben incorporar explícitamente esta dimensión al formular los impulsos de largo plazo. En el próximo capítulo, ampliaremos esta dimensión de la estrategia, pero desde el punto de vista de las capacidades organizacionales necesarias para subsistir en entornos con instituciones débiles.

CAPÍTULO 5

EL DESARROLLO DE CAPACIDADES COMO CENTRO DE LA ESTRATEGIA

La etapa final en el diagnóstico de la situación competitiva de una UEN y la subsiguiente formulación estratégica consiste en analizar los recursos y capacidades organizacionales. Mientras que los recursos organizacionales se refieren a algo inerte, las capacidades organizacionales aluden a algo que mejora o empeora con el uso. Por simplicidad de exposición, hablaremos de *capacidades,* pero la gran mayoría de los conceptos que desarrollaremos serán también válidos para el análisis de los recursos de la organización.

Las capacidades de una organización están íntimamente ligadas a la acción, ya que se encuentran estrechamente relacionadas con lo que la organización hace. Las capacidades son hábitos organizacionales que contribuyen en distintos grados al logro de estrategias generadoras de valor, por medio de la creación, el desarrollo y la combinación de recursos. Las organizaciones combinan recursos con el objetivo de lograr la provisión de un bien o servicio de manera diferencial. Sin embargo, aunque el concepto sea fácilmente entendible, el análisis concreto de las capacidades de una organización con miras a establecer un diagnóstico estratégico no siempre es tarea sencilla. ¿Dónde están realmente nuestras capacidades? ¿Qué es lo que nos distingue como empresa? ¿Cómo debemos encarar la organización para poder analizar sus capacidades?

Estudiaremos las capacidades desde la cadena de valor, analizando los atributos concretos de las capacidades que las organizaciones deben generar. Este análisis nos ayudará a entender la *foto* de nuestras capacidades actuales. Sin embargo, a la hora de formular la estrategia, no solo es necesario tener el diagnóstico del estado actual de las capacidades, sino también *prever* aquellas que necesitaremos para competir en el futuro. Por eso, el capítulo continúa con un análisis del desarrollo de las capacidades en el tiempo, ilustrando las trampas en las que puede caer la organización en el momento de definir sus capacidades futuras. Para cerrar este apartado, presentaremos una nota acerca de las capacidades dinámicas. Estas capacidades son hábitos de orden superior que permiten que la organización reflexione sobre sus hábitos (capacidades) o, dicho de otro modo: aprenda a aprender.

Abordar las capacidades a partir de la cadena de valor nos permite dividir la organización y ordenar su realidad interna en grupos de actividades que guarden cierta coherencia. Sin embargo, este enfoque puede hacernos perder de vista a la organización como un todo. Por eso, sobre el final del capítulo introduciremos un análisis sobre la naturaleza de la diferenciación organizacional. Veremos que existen capacidades que no se relacionan con un negocio ni con una sección en particular de la cadena de valor, sino que cruzan horizontalmente todos los negocios y todas las actividades de la cadena. La diferenciación organizacional surge del resultado de la acción conjunta de distintas unidades dentro de la organización y está basada en su misión o identidad.

El capítulo concluye con un comentario sobre algunas notas salientes con respecto al desarrollo de capacidades en Latinoamérica.

5.1. La cadena de actividades "organizacionales"

Las organizaciones pueden ser entendidas como un conjunto de recursos y capacidades orientado a atender una cierta necesidad. Existe una relación íntima entre necesidad y capacidad. Por un lado, las necesidades dan la razón de ser a las capacidades –sin necesidad a satisfacer no tiene sentido pensar y desarrollar una capacidad. En la atención de todo tipo de necesidad juegan elementos como el servicio, la estética, la pertenencia a un grupo, etc. Las organizaciones se ordenan de manera distinta para satisfacer necesidades que, en principio, son idénticas.

¿Cómo abordar esta relación entre capacidades y necesidades? Tal vez el esquema más conocido y utilizado sea la cadena de valor. Describiremos los aspectos más salientes de ese esquema y luego lo iremos enriqueciendo, señalando sus limitantes y riesgos, hasta meternos de lleno en las fuentes de diferenciación más genuinas, como la acción compartida.

La empresa, al igual que los organismos vivientes, está compuesta de distintos "órganos" o, más exactamente, de actividades. Estas actividades pueden agruparse de acuerdo con las características homogéneas y aislarse, por un momento, del resto de la organización para poder ser estudiadas y así facilitar el diagnóstico estratégico. Para hacer más sencillo el análisis, Michael Porter[1] en 1985 formalizó el esquema de la cadena de valor, distinguiendo entre *actividades primarias* y *actividades de soporte.*

- Las actividades primarias representan las funciones "de línea" de una organización; es decir, aquellas que resultan esenciales para la generación de valor. Entre ellas se encuentran:

---

1. Porter, M.: *op. cit..*

a. *Logística interna*: abarca las tareas de recepción, almacenaje, control de inventarios, transporte y planeamiento.

b. *Manufactura*: incluye el procesamiento, el montaje y el embalado de productos, el mantenimiento de las máquinas, la realización de pruebas, y en general el desarrollo de toda actividad tendiente a transformar insumos en productos terminados.

c. *Distribución*: incluye todas las tareas asociadas al proceso de acercar los productos terminados al cliente: manejo de inventarios, administración de órdenes, transporte y distribución.

d. *Marketing y ventas*: relacionadas con el proceso de lograr que el cliente compre el producto: selección de canales, publicidad, promoción, ventas y determinación de precios.

e. *Posventa*: se refiere a los servicios que provee la empresa al cliente para mantener o aumentar el valor del producto adquirido; lo que incluye: soporte a usuarios, instalación, reparación, entrenamiento, manejo de repuestos y de nuevas versiones mejoradas del producto (*upgrading*).

- Las actividades de soporte son propias de las funciones "de staff" de una organización. Contribuyen a la generación de valor en forma indirecta, a través de su relación con las actividades principales. Entre ellas se encuentran:

f. *Infraestructura de la empresa*: abarca las tareas de administración general, planificación, legales, finanzas, contabilidad, relaciones públicas y manejo de la calidad, entre otras.

g. *Recursos humanos*: cubre las tareas asociadas al reclutamiento, capacitación, retención y compensación de empleados.

  h. *Desarrollo de tecnología*: incluye tanto la adquisición como la generación de tecnología para dar soporte al resto de las actividades de la cadena de valor. Esta actividad se evidencia en la mejora de los procesos, el diseño y rediseño, la automatización y la investigación y desarrollo.

  i. *Abastecimiento*: se refiere a la adquisición de insumos no productivos, servicios, bienes raíces, etcétera.

El Diagrama 5.1 ilustra la cadena de valor de Porter. Notemos que las actividades primarias están concatenadas en un proceso, mientras que las de soporte cruzan horizontalmente a la organización.

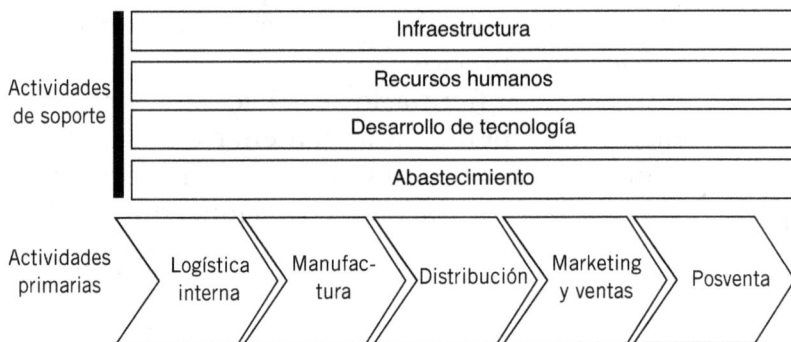

Diagrama 5.1. Actividades en la cadena de valor.

Este desarrollo de Porter es útil en el momento de identificar y evaluar el rol de las distintas actividades que componen una organización. Sin embargo, la gran mayoría de las organizaciones no se ajusta perfectamente a la cadena expuesta en el Diagrama 5.1; lo incluimos más bien a modo de ejemplo. Es tarea de cada organización la identificación de su propia cadena de valor.

Partiendo de la cadena de valor, las preguntas que debemos hacernos a la hora de diagnosticar nuestras capacidades serán las siguientes:

- ¿De qué actividades se compone nuestra organización?
- ¿Qué actividades de la cadena de valor son *centrales* para el éxito de la organización?
- ¿Posee la organización capacidades distintivas en esas actividades?
- ¿Estamos desarrollando las actividades que serán necesarias en el futuro?

El análisis se basa en una adecuada comprensión del modelo de negocio que la organización está buscando y en la identificación de las actividades que debe desarrollar para lograr el éxito con ese modelo de negocio. Detrás de cada actividad hay una o varias capacidades subyacentes. Estas capacidades que sostienen cada actividad son la materia prima del análisis del próximo apartado.

5.2. El test ácido de las capacidades

Para asegurar el éxito de una organización a través de las actividades de su cadena de valor, las capacidades deberían superar un test conocido como VRIINA. Adaptamos el concepto del inglés VRIO que desarrolló Jay Barney en 1991.[2] Estas siglas responden a las características que deben poseer las capacidades, a saber:

1) *Valiosas.* Una capacidad debe, antes de todo, generar valor de alguna manera apreciable por el cliente, ya sea dando lugar a fuentes de diferenciación para la empresa que la posee, como permitiendo una reducción sustancial de costos en alguna actividad de su

---

2. Barney, J.: "Firm Resources and Sustained Competitive Advantage", *Journal of Management Studies* 17: 99-120, 1991.

cadena de valor. Aunque parezca obvio, las organizaciones no pueden permitirse destinar recursos a tareas simplemente porque les resulten agradables o porque sus empleados tengan talento para ello. El desarrollo de capacidades debe agregar un valor real a la sociedad.

2) *Raras.* Aunque una capacidad sea valiosa, para llevarnos al éxito debe ser también rara, es decir, no estar ampliamente difundida entre el resto de las organizaciones que componen el mercado. Si ninguna capacidad organizacional respeta este principio de escasez, difícilmente alcanzaremos una diferenciación que justifique la existencia de nuestra empresa.

3) *Inimitables.* Ser valiosa y rara no alcanza para ser fuente de diferenciación si esta capacidad puede ser rápidamente imitada. Cualquier período durante el cual la organización no goce de cierta diferenciación será extremadamente corto. Gracias a la dinámica de innovación-imitación, podemos intuir que toda capacidad valiosa, en el largo plazo, será imitada. Este es un principio irreversible en el mundo de los negocios. Para establecer el grado de inimitabilidad de una capacidad, debemos tener una clara idea de cuánto le llevará a otras empresas imitarla, tanto en tiempo como en recursos tangibles. Esto nos dará una idea de cada cuánto tiempo nuestra organización debe renovar sus capacidades, si es que desea mantener la diferenciación.

4) *Insustituibles.* Siendo valiosa, rara e inimitable, una capacidad no es aún fuente de diferenciación, ya que muchas veces otra empresa puede lograr los mismos efectos con una capacidad alternativa. Al evaluar las capacidades de nuestra organización, debemos identificar estas capacidades sustitutas y saber cuán difundidas están o en cuánto tiempo pueden ser desarrolladas.

5) *No apropiables.* Finalmente, contando con todos los atributos anteriores, la capacidad debe cumplir una última condición: el valor que ella genera debe quedar dentro del marco institucional de nuestra empresa. Una capacidad es no apropiable cuando el valor que permite generar es íntegramente capturable por nuestra organización, y no por sus competidores. A corto plazo, la organización puede encontrarse en una situación difícil cuando una capacidad, o los beneficios que de ella se deriven, se conviertan en "bienes públicos".

El Cuadro 5.1 resume los conceptos que acabamos de ver y propone preguntas a hacerse en la evaluación de las capacidades organizacionales.

Valiosas	• ¿Están las capacidades alineadas con la misión organizativa? • ¿Cuánto valor generan? • ¿Reconocen los clientes este valor? • ¿Cómo resulta el valor generado por nuestras capacidades en comparación con el que generan las de otras empresas en el mercado?
Raras	• ¿Están las capacidades de nuestra empresa ampliamente difundidas en el mercado? • ¿Cuán fácil o difícil resultaría acceder a ellas?
Inimitables	• ¿Pueden otras empresas reproducir fácilmente nuestras capacidades? • ¿Cuán rápido podrían desarrollarlas? • ¿Cada cuánto tiempo debe la empresa renovar sus capacidades para mantener la diferenciación?
Insustituibles	• ¿Pueden otras empresas generar el mismo valor que la nuestra mediante capacidades sustitutas? • ¿Cuán accesibles son esas capacidades?
No apropiables	• ¿Puede nuestra empresa capturar el valor generado por sus capacidades? • ¿En qué medida generan nuestras capacidades beneficios capturables por los competidores?

Cuadro 5.1. Preguntas disparadoras de análisis para realizar un test de capacidades VRIINA.

Es importante enfatizar que, para ser fuente de éxito organizacional, una capacidad debe cumplir con todos los requisitos *simultáneamente*. Por otro lado, no es necesario que una empresa supere este test en *todas* las capacidades (ni siquiera en varias) para tener éxito. El elemento clave a la hora de diagnosticar estratégicamente las capacidades de la organización es que *aquellas que superen el test VRIINA estén dentro de las actividades clave de la cadena de valor para el modelo de negocio que la organización ha elegido para competir en su industria.*

Otro aspecto a considerar es que, mientras que algunas capacidades tal vez se destaquen especialmente en la *generación* de valor (aquellas que resultan valiosas y raras), otras se destaquen más por favorecer la *sustentabilidad* del valor generado (las que resultan inimitables, insustituibles y no apropiables). El Cuadro 5.2 muestra cómo Intel supo generar capacidades VRIINA para generar valor en la industria de los microprocesadores, pero le faltaron capacidades para adaptarse a ciertos cambios ambientales y así asegurar, tal como lo venía haciendo, la sustentabilidad a largo plazo de su dominio.

En general, es bastante difícil encontrar capacidades que pasen satisfactoriamente un test VRIINA, y más aún que lo hagan sostenidamente en el tiempo. Esto es coherente con la dificultad que tienen las empresas para obtener retornos extraordinarios durante largos períodos. A veces, incluso, es difícil entender el éxito de una organización a partir de sus capacidades; en estos casos, resulta más sencillo analizar el éxito a partir de cómo está organizado su sistema de actividades.

El caso de Dell es emblemático en este sentido. En su modelo de venta directa no existe *una* capacidad o actividad específica sobre la que esté fundado su éxito. Es el enfoque sobre el que está construido el sistema completo lo que le da a la empresa su diferenciación. Diseño, fabricación, distribución y servicio al cliente son actividades creadas bajo una misma filosofía; el valor está en la forma en que la organización supo coordinarlas.

Generación de valor **Intel en los años 90** ⬆	• Basó sus capacidades en **I+D** y **fabricación** cuando eligió no licenciar el diseño de sus microprocesadores serie x86 a sus competidores, como había hecho con modelos anteriores. • Su campaña publicitaria con el eslogan **Intel Inside** convirtió a la compañía y a sus productos en líderes de su industria, y dio preeminencia al microprocesador sobre la mera marca de la PC. • Intel capturó casi todo el crecimiento del mercado de las PC en los 90. Trabajó con **Microsoft** para lanzar cada dos años un nuevo microprocesador que diera soporte a una nueva versión de Windows. • Las alianzas con los principales fabricantes de computadoras limitaron las vías de crecimiento de su principal competidor, AMD.
⬇ **Sustentabilidad del valor** **Intel desde el año 2000**	• El derrumbe de la nueva economía a principios del siglo XXI disminuyó las ventas de PC. Los fabricantes incluían insumos más económicos en ciertos modelos. La marca del fabricante tomó la delantera frente a la marca del microprocesador. • Intel había entrado en un ciclo de **hipercompetición**: lanzaba continuamente versiones más caras y sofisticadas de sus microprocesadores. • AMD, luego de intentar duplicar varios modelos de Intel, se lanzó a diseñar por su cuenta. Logró una mejor relación **precio-desempeño** que Intel, y redujo su brecha con el líder.

Cuadro 5.2. Capacidades VRIINA en la generación y sustentabilidad del valor.

Pensar en actividades suele enriquecer el diálogo en el momento de diagnosticar el estado de las capacidades de nuestra empresa y, a su vez, facilitar la transición hacia el siguiente punto: ¿está nuestra organización desarrollando las capacidades necesarias para subsistir y ser exitosa en el futuro? Del análisis estático del test VRIINA nos movemos ahora hacia el desarrollo de las capacidades en el tiempo.

5.3. El desarrollo de capacidades en el tiempo

Las capacidades son hábitos organizacionales (rutinas, en términos de Richard Nelson y Sydney Winter[3]). Esto impli-

---

3. Nelson, R. y Winter, S.: *An Evolutionary Theory of Economic Change*. Harvard University Press, Cambridge, 1982.

ca que, una vez generadas, producen acostumbramiento. Generarlas y eventualmente alterarlas requiere inversión en recursos materiales, en recursos humanos, y fundamentalmente en *tiempo*. En términos operativos, las capacidades pueden ser interpretadas como stocks o existencias, entendida como un conjunto de capacidades, es asimilable a diferentes tipos de stocks, cada uno susceptible de un análisis VRIINA.

El proceso de desarrollo de capacidades está sujeto a dos leyes: 1) la de *tiempo-dependencia* y 2) la de *deseconomías de aceleración*[4]. Las capacidades son tiempo-dependientes porque su desarrollo no se logra de inmediato, sino que exige tiempo. Pensar en términos de stocks y flujos sirve para ilustrar esta propiedad. Supongamos que queremos llenar un tanque de agua (el tanque lleno representaría la plena posesión de una capacidad). Para llenarlo generamos un flujo de agua (trabajo directo para desarrollar la capacidad). La única variable bajo completo dominio de la organización es el tamaño del flujo de recursos invertidos. El stock final de capacidades surge de la combinación del flujo y del tiempo, y este último elemento no está bajo nuestro control.

Por supuesto, siempre podemos acelerar los flujos pero, desafortunadamente, ellos están sujetos a la ley de deseconomías de aceleración. Por más que insistamos e invirtamos grandes cantidades de recursos en el desarrollo de una capacidad, en un determinado punto no avanzaremos más en nuestro objetivo. La capacidad de absorción de esos recursos habrá llegado a un límite imposible de superar en el corto plazo. Las personas y los procesos involucrados en el desarrollo de capacidades se verán saturados, y no habrá nada que puedan hacer nuevas dosis de recursos para aliviar esta saturación. El Diagrama 5.2 ilustra esta situación.

---

4. Dierickx, I. y Cool, K.: "Asset Stock Accumulation and Sustainability of Competitive Advantage", *Management Science* 35 (12): 1504-1511, 1989.

Por otro lado, debemos tener en cuenta que las capacidades, una vez generadas, pueden ser perdidas. El paso del tiempo tiene consecuencias positivas y negativas sobre ellas. Por un lado, su valor se incrementa con el uso –los hábitos se perfeccionan con la práctica. Cuanto más aplicamos una capacidad al logro de la misión organizacional, más posibilidades tenemos de aprender. Por el otro, la esencia de la capacidad puede derramarse hacia otros actores del mercado (*spillovers* en la bibliografía de management). Estos derrames hacen que nuestra capacidad sea cada vez más imitable. Aunque esta situación tenga un tinte negativo, debemos considerar que lo mismo les ocurrirá a nuestros competidores: sus capacidades también resultarán más imitables. A largo plazo, la dinámica de innovación-imitación progresivamente irá erosionando el valor de toda capacidad actual de una empresa. Sin embargo, el derrame de capacidades probablemente habrá contribuido a legitimar o a expandir la industria.

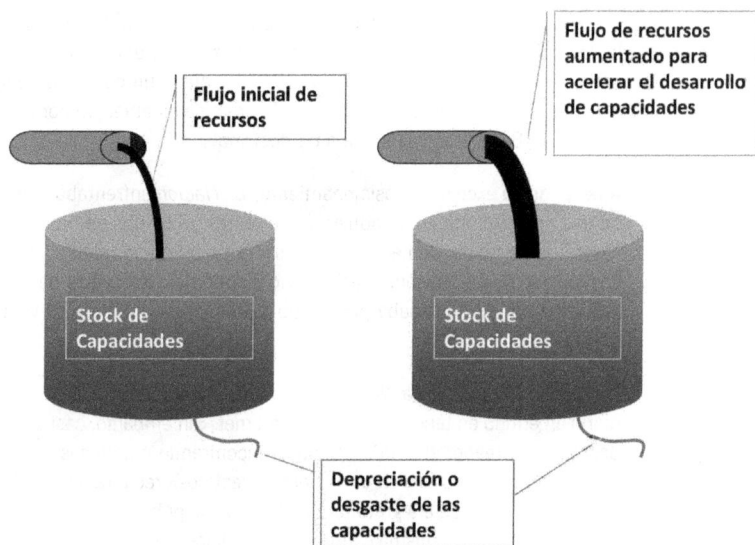

Diagrama 5.2. Las capacidades a través de la dinámica de flujos y stocks.

Ver a las capacidades como stock resulta relevante a la hora de pensar el futuro de la organización. La tiempo-dependencia, las deseconomías de aceleración y la dinámica de innovación-imitación ponen a la dirección de la empresa ante el desafío de pensar en qué capacidades debe invertir hoy para poder disponer de ellas mañana y sostener la diferenciación en el mercado. Aquí se juega gran parte del futuro de las organizaciones y del éxito o fracaso de la gestión directiva. Muchas veces será difícil hacer que coexistan dentro de la organización capacidades en distinto estado de desarrollo. Más allá de las dificultades, si una organización llegase al futuro sin disponer de las capacidades necesarias para sostener su modelo de negocio tendrá dos alternativas: comprarlas en el mercado o alterar el modelo de negocio. La primera, de estar disponible, seguramente será cara, mientras que la segunda puede resultar altamente traumática. El Cuadro 5.3 da un ejemplo de este tema.

Diario La Nación ☐ A fines de 2004, *La Nación* era uno de los diarios más prestigiosos de la Argentina. Gozaba de una reconocida marca y de una base de lectores leales. En la redacción de *La Nación* trabajaba un cuerpo de periodistas de primer nivel de acuerdo con la premisa establecida por el fundador en 1870: "ser una tribuna de doctrina".

A pesar de su excelente posicionamiento, *La Nación* enfrentaba una tendencia preocupante en la industria: las ventas de diarios en papel caían sostenidamente desde hacía seis años y la participación de los periódicos impresos en el negocio publicitario disminuía. Gran parte de la rentabilidad del diario pasaba por la publicidad y las ventas de su versión en papel.

La versión on-line de *La Nación* fue establecida en 1995, fue el primer diario argentino en tener presencia en Internet. Sin embargo, casi 10 años después de creado, el sitio continuaba encontrando problemas para crecer en rentabilidad. Si bien el número de lectores crecía rápidamente, el acceso a las noticias era gratuito. En términos de publicidad, el sitio estaba lejos de recibir la misma cantidad de anuncios que la versión en papel. Mantener ambos negocios, uno maduro y otro emergente, significó un esfuerzo para *La Nación* en términos de capacidades. Específicamente, las capacidades de redacción y edición requeridas eran distintas: en la versión on-line se trataba más de dar la noticia que de analizarla, como ocurría con la versión en papel.

Estas diferencias llevaron a *La Nación* a mantener ambos negocios aislados uno del otro, tanto en términos de generación de contenidos como en términos de management. Últimamente, la compañía comenzó a evaluar la posibilidad de manejar ambos negocios en forma unificada.

Cuadro 5.3. El desafío de mantener capacidades en distinto estado de desarrollo.

5.4. Las capacidades dinámicas

El desafío de plantear hoy y desarrollar en el tiempo las capacidades que necesitaremos mañana está apoyado por un tipo especial de capacidades: las *capacidades dinámicas*. Definidas simplemente: las capacidades dinámicas son hábitos que ayudan a las organizaciones a reflexionar, definir y desarrollar nuevos hábitos. Es decir, capacidades que ayudan a las organizaciones a aprender y a adaptarse a las exigencias competitivas de su entorno. Entre ellas se encuentran el desarrollo de productos, la práctica de alianzas o adquisiciones y las mejoras en los procesos de manufactura.

Un examen más profundo de las capacidades dinámicas nos indica que se trata del conjunto de procesos específicos e identificables dentro de la organización que permite construir, integrar y reconfigurar recursos para generar estrategias exitosas. Eisenhardt y Martin[5] evaluaron las características que poseen las capacidades dinámicas en industrias de baja y alta volatilidad. En industrias que tienden a ser relativamente estables, las capacidades dinámicas asumen la forma de procesos muy detallados que, por definición, se basan en

---

5. Eisenhardt, K., y Martin, J.: "Dynamic Capabilities: What are They?", *Strategic Management Journal*, 21, 2000.

el conocimiento tácito previamente generado por la organización y, en su implementación, siguen un camino relativamente lineal. En industrias donde el cambio es constante, las capacidades dinámicas asumen la forma de procesos poco estructurados que, aplicados en forma no lineal sino iterativa, permiten generar nuevos conocimientos asociados a una situación en particular. Estas capacidades dinámicas involucran el uso de prototipos, la realización de pruebas, la implementación parcial de ideas y la definición de diversos planes en paralelo. De esta manera, permiten obtener rápidamente información acerca de si un curso de acción es correcto o incorrecto, y otorgan flexibilidad a las organizaciones para que puedan cambiar el curso de ser necesario.

Independientemente del tipo de industria, las capacidades dinámicas tienen una particularidad: se "repiten" de empresa en empresa. Con frecuencia, ejecutivos y consultores las llaman "mejores prácticas". Si las capacidades dinámicas pueden codificarse y transmitirse, la intuición nos dice que serán fácilmente imitables. ¿Cómo pueden contribuir las capacidades dinámicas al éxito futuro de la organización si no son capaces de pasar un test VRIINA? Hay dos razones fundamentales para esto: 1) el desarrollo de capacidades dinámicas es un fenómeno idiosincrásico de cada organización. Es decir que cada organización seguirá un camino diferente para desarrollarla. A lo largo de ese camino, generará distintos tipos de conocimientos que interpretará y reutilizará de forma particular. Cada paso estará condicionado por lo aprendido en el anterior. Este fenómeno, que se conoce como *path-dependence*, hace que una misma capacidad dinámica pueda estar presente en dos organizaciones con dos contenidos distintos. Y 2) así como el proceso de generación de capacidades dinámicas es particular a cada organización, también lo es su aplicación. Lo que determina la diferenciación organizacional no es la existencia de tal o cual capacidad dinámica, sino las reconfiguraciones de recursos que de ellas surgen, las cuales naturalmente difieren de organización en organización. Dicho de otro modo, lo que vale es cómo se aplican y qué emerge de las capacidades dinámicas, no su mera posesión.

5.5. Limitantes cognitivas al desarrollo de capacidades

Desarrollar hoy las capacidades VRIINA del futuro es tal vez la actividad más importante en una organización. Este desarrollo no solo está sujeto a las leyes antes mencionadas, sino que a su vez está amenazado por al menos tres tipos de limitantes cognitivas o *miopías*: 1) miopía espacial, 2) miopía temporal y 3) exceso de confianza[6]. Pasaremos a describirlas y ejemplificarlas en el Cuadro 5.4.

Miopía espacial	☐ Fundada en 1873, Barnes & Noble es la cadena de librerías más grande de Estados Unidos. B&N revolucionó la experiencia de comprar libros mediante la creación de tiendas de gran tamaño, con excelente surtido de ejemplares, cómodos sillones de lectura, sucursales de café Starbucks e Internet inalámbrica. B&N también es dueña de una editorial que imprime el 10% de los libros que la compañía vende.

B&N subestimó el impacto que la venta de libros por Internet tendría sobre su negocio. El vertiginoso crecimiento de Amazon, a partir de las recomendaciones a usuarios y la funcionalidad de venta de libros usados y de libreros independientes fue un duro golpe para la rentabilidad de B&N.

B&N se instaló tarde en el ciberespacio; el atractivo de su sitio web es menor que el de Amazon y tampoco logra emular en él su experiencia adquirida en las tiendas físicas. B&N.com provee un reducido porcentaje de las ventas totales de la empresa y crece a tasas menores que el promedio de la industria. |

Cuadro 5.4 - Parte 1. Miopías en el desarrollo de capacidades.

---

6. Levinthal, D., y March, J.: "The Myopia of Learning", *Strategic Management Journal*, 14, 1993.

La *miopía espacial* se refiere a la tendencia de las organizaciones a dirigir la innovación en torno de sus productos y capacidades actuales. Este fenómeno es casi el resultado lógico de la naturaleza de las organizaciones, en tanto las consideramos un conjunto de hábitos. Nos sentimos más cómodos cuando hacemos lo que conocemos y perfeccionamos lo que funciona, que si abandonamos la zona de comodidad, donde no sabemos si las capacidades que actualmente poseemos serán las adecuadas para poder subsistir. Esta tendencia obnubila la capacidad de las organizaciones que le permitan reconocer la amenaza que significan para su negocio las innovaciones presentes en otras industrias aparentemente lejanas.

La *miopía temporal* se refiere a la tendencia de las organizaciones a ponderar inadecuadamente el presente y el futuro. Por lo general, toma la forma de excesiva concentración en el presente en detrimento del futuro, aunque existen algunos casos donde ocurre exactamente lo contrario. La "dictadura del presente" lleva a subinvertir en el desarrollo de capacidades y en tareas de exploración, sobreexplotando los productos y mercados actuales con las capacidades presentes. Algunos factores externos, como la presión de los mercados financieros por obtener resultados, refuerzan esta miopía.

Sin embargo, es importante destacar que no siempre la miopía temporal funciona como sobreapreciación del presente. Muchas veces, y sobre todo en empresas de tecnología, el error temporal viene de subapreciar el futuro, sobrevalorando las capacidades organizacionales actuales para obtener resultados en sus actividades de exploración. Cuando los resultados muchas veces tardan más en llegar que lo esperado, la organización puede sufrir una crisis de liquidez.

Miopía **temporal**	☐ SUBAPRECIACIÓN DEL PRESENTE A partir de los años 70, comenzaron a tomar vuelo los desarrollos en **bio-tecnología** con repercusiones en los campos de agricultura, ganadería y salud humana. Pequeñas empresas centradas exclusivamente en lo bio-tecnológico comenzaron a operar con el objetivo de lograr innovaciones radicales en corto tiempo. Los resultados, sin embargo, se hicieron esperar y los laboratorios enfrentaron problemas de liquidez antes de poder finalizar sus proyectos. SOBREAPRECIACIÓN DEL PRESENTE Durante el mismo lapso, las empresas **farmacéuticas**, apegadas a su negocio de desarrollo de compuestos químicos, descartaron la oportuni-dad de invertir en biotecnología. Durante los años 90, sin embargo, se encontraron en crisis. Las posibi-lidades de innovar y generar patentes en su ámbito tradicional eran cada vez menores. A su vez, comenzaban a vencer las patentes de sus medi-camentos más rentables. El auge de los genéricos en los países en desa-rrollo amenazaba la sustentabilidad de su negocio. Las fusiones y adqui-siciones llevaron a la consolidación de la industria y finalmente a la compra de laboratorios biotecnológicos, aunque no todos ellos cumplie-ron con las expectativas previstas.

Cuadro 5.4 - Parte 2. Miopías en el desarrollo de capacidades.

La última limitante cognitiva, el *exceso de confianza*, es de naturaleza algo distinta y se refiere al impacto que nuestras acciones exitosas tienen sobre nuestra percepción de la eficacia de la organización. En general, el éxito refuerza nuestra autoconfianza, algo que de por sí es bueno, pero muchas veces se convierte en un elemento negativo para el diálogo y el análisis de otras alternativas. A la hora de definir impulsos estratégicos, un exceso de autoconfianza puede empobrecer el proceso de análisis y aumentar las probabilidades de fracaso. Un estudio realizado en Estados Unidos ilustra esta tendencia. Se le preguntó a una cantidad importante de personas cómo consideraba sus capacidades intelectuales y el 90% estimaba estar por encima de la media de la población.

Exceso de ☐ **confianza**	A lo largo del siglo xx, IBM se consolidó como uno de los mayores y más rentables desarrolladores de tecnología del mundo. En 1981, luego de haber tenido gran éxito en el diseño y producción de grandes computadoras, IBM lanzó su primera computadora personal. Entonces, IBM planteó un original modelo de negocio. La máquina estaba construida sobre una arquitectura abierta, de tal forma que otras compañías podrían desarrollar productos compatibles. La rentabilidad vendría por el lado de las licencias: IBM recibiría regalías por el uso de BIOS, el sistema operativo con el que operaba su PC. Sin embargo, los competidores pronto copiaron el BIOS, dando origen a la comercialización de "clones" que, si bien ayudaron a difundir el uso de la PC y contribuyeron a fijar los estándares de la industria, no reportaron a IBM ningún beneficio. Después de dos décadas infructuosas, en 2005 IBM vendió su negocio de computadoras personales a la empresa china Lenovo.

Cuadro 5.4 - Parte 3. Miopías en el desarrollo de capacidades.

5.6. De las capacidades aisladas a la acción compartida

De todas las decisiones que toma una organización, las relacionadas con el desarrollo de capacidades ocupan un lugar central y determinante en la búsqueda del éxito organizacional y el cumplimiento de la misión. Hasta ahora hemos analizado las capacidades en forma independiente. Dada una determinada capacidad organizacional hemos localizado las actividades de la cadena de valor en las cuales se asienta y establecido su valor de acuerdo con el test VRIINA. De esta manera, hemos podido destacar ciertos aspectos de la naturaleza de las capacidades como diferenciadores centrales de las organizaciones. Entender la organización como una cadena de actividades homogéneas nos ha ayudado a ordenar la realidad.

Sin embargo, este enfoque metodológico tiene un costo: separa artificialmente elementos que en la realidad están unidos y, por consiguiente, nos impide distinguir qué es lo que provee unidad a la organización en general; es decir, aquello en lo cual se basa su identidad. Por lo tanto, luego de dividir y ordenar hay que reagrupar y unir. Es necesario dar una mirada al todo para encontrar capacidades que surgen de la acción compartida. Estas capacidades son las que justificarán la existencia de la organización como tal. ¿Por qué? Porque si bien una determinada capacidad puede ser imitable, es absolutamente imposible copiar la esencia de una organización.

C. K. Prahalad y Gary Hamel han llamado a las capacidades que surgen de la acción compartida con el nombre de capacidades esenciales (*core competences*)[7]. Se trata de capacidades que exceden a una UEN o a una actividad de la cadena de valor. Por el contrario, están impregnadas en la fibra misma de la organización y proveen la base sobre la que se asientan sus UEN presentes y futuras. Las capacidades esenciales son el resultado de la combinación de conocimientos, capacidades y actitudes, aplicable al desarrollo de una serie de iniciativas de negocios. Surgen de un proceso de aprendizaje colectivo dentro de las organizaciones con el objetivo de generar valor en distintas instancias temporales. Por su carácter compartido, el desarrollo de capacidades esenciales requiere esfuerzos conscientes de comunicación y coordinación a nivel horizontal dentro de la empresa.

Algunas organizaciones pueden crear capacidades esenciales y mantenerlas por largos períodos, aunque varíe el foco de sus negocios. Otras corren el riesgo de destruirlas cuando surgen nuevos negocios que no mantienen un hilo conductor coherente con la identidad organizacional. El Cuadro 5.5 muestra algunos ejemplos al respecto.

---

7. Prahalad, C. K. y Hamel, G:. "The Core Competence of the Corporation", *Harvard Business Review*, May-June, 1990.

The Walt Disney Company Latinoamérica ⬆	• Las capacidades esenciales (*core competences*) de Disney incluyen el **desarrollo de propiedades** (es decir, personajes y contenidos registrados que pueden ser comercializados por distintas UEN de Disney) y su poder de marca. El nombre Disney evoca fantasía, entretenimiento familiar y calidad, entre otros atributos.
• Para asegurar que estas capacidades esenciales sean aprovechadas por UEN actuales y futuras, Diego Lerner, presidente de Disney Latinoamérica, ha creado el sistema de **Double Appointment**: asigna a sus ejecutivos dos roles, uno lo hace responsable de un negocio y otro con de una zona geográfica. Sin embargo, los ejecutivos trabajan en colaboración en busca de iniciativas que potencien el valor de las propiedades y de la marca, y no exclusivamente de un determinado negocio o zona geográfica.
AOL America On line ⬇	• El mayor proveedor de conexión a Internet en EE.UU. basaba sus capacidades esenciales en el **desarrollo de productos** (contenidos exclusivos para suscriptores expuestos en una interfaz amigable).
• Aferrándose al modelo de negocios por suscripción, AOL no supo captar cambios en las preferencias de los usuarios de Internet, quienes demandaban cada vez más acceso libre a contenidos. La compañía no reconoció la existencia de otras alternativas, como el modelo por publicidad que comenzaron a utilizar varios competidores.
• Las capacidades esenciales sufrieron, además, con la infortunada fusión de AOL con **Time Warner**. Si bien se intuía que dicha fusión podría proveer sinergias importantes, la filial AOL tuvo problemas para recuperar su rentabilidad.

Cuadro 5.5. Las capacidades esenciales en acción.

Para establecer el valor de las capacidades esenciales, es importante considerar qué es lo que una organización hace que no podría ser hecho de igual manera por sus partes actuando como organizaciones independientes. Cuando una organización está genuinamente fundada sobre aspectos grupales compartidos, con las implicancias de cooperación que ello acarrea, existen solo dos amenazas extremas a su existencia: la desaparición de la necesidad que la organización satisface o la aparición de un modo radicalmente nuevo de satisfacer esa necesidad. En todos los demás casos, la organización estará protegida frente a los embates de imitación que deba enfrentar.

5.7. Las capacidades en economías emergentes

Las economías emergentes presentan entornos en muchos aspectos bastante más complejos que los de las economías desarrolladas. Mientras que en el mundo desarrollado el centro del negocio, y por consiguiente del análisis estratégico, está en los cambios tecnológicos y en los vaivenes del mercado, en los países emergentes el entorno institucional es la fuente principal de incertidumbre. El hecho que el entorno institucional se presente como factor central a tener en cuenta no anula las otras fuentes de incertidumbre, sino que se suma a ellas, haciendo que la tarea directiva en estos ambientes se convierta en una experiencia especialmente compleja.

Al hablar de instituciones, nos referimos específicamente al contexto jurídico que regula la inserción de la empresa en el mercado y en la sociedad, y que enmarca las relaciones de todos los *stakeholders* entre sí. La nota saliente de las economías emergentes parece ser, a diferencia de lo que sucede en el mundo desarrollado, que dicho contexto jurídico cambia con frecuencia, lo cual agrega una nueva fuente de incertidumbre al panorama competitivo de la organización.

Cuando el Estado no asegura estabilidad en las instituciones, dichas instituciones se convierten en una variable de decisión y operación para las empresas. Por supuesto que esta circunstancia variará según el tamaño de la organización.

Para las empresas grandes, la creación de grupos económicos suele ser una alternativa que les permitirá mitigar los vaivenes institucionales y aumentar, asimismo, el tamaño y la relevancia de la organización. Los grupos económicos son grupos de empresas no necesariamente relacionadas en sus actividades pero controladas por una familia o grupo inversor afín. La existencia de grandes grupos económicos en un país se evidencia a partir de datos de concentración de la propiedad. El Cuadro 5.6 indica el porcentaje de grandes empresas que se encuentran en manos de grupos económicos familiares en algunos países en tres continentes. Los países que cuentan con mercados de capitales altamente desarrollados y poca turbulencia institucional, como Inglaterra, Estados Unidos y Alemania, muestran niveles bajos de concentración de la propiedad. Por el contrario, los países con historias de inestabilidad económica e institucional, como la Argentina, Brasil y Filipinas, muestran valores altos.

Europa		América		Asia	
Dinamarca	6	Argentina	85	Hong Kong	43
Francia	38	Brasil	91	Taiwán	73
Alemania	7	Canadá	42	Corea del Sur	61
España	47	Estados Unidos	19	Filipinas	100
Gran Bretaña	16	México	100	Singapur	16

Adaptado de Morck, R.; Wolfenzon, D., y Yeung, B.: *Corporate Governance, Economic Entrenchment and Growth.* Presentación al Banco Mundial, enero de 2005.

Cuadro 5.6. Porcentaje de grandes empresas que se encuentran en manos de grupos económicos familiares, por país.

La concentración de la propiedad a lo largo de industrias y negocios diversos trae aparejados beneficios y costos. Del lado de los beneficios está precisamente la posibilidad de operar sobre el marco institucional para protegerse de los cambios arbitrarios que pudieran afectarla. Los grandes conglomerados cuentan con ventajas al poder operar en los sectores financieros y laborales, pudiendo acceder a recursos clave a tasas menores que el resto de las empresas o transferir recursos de una unidad a otra, según sea conveniente. El desarrollo de una reputación favorable dentro de los mercados emergentes convierte a estos grupos económicos en los socios más deseables para los inversores extranjeros. Por último, los grupos económicos pueden llegar a alcanzar economías de escala con actividades de *lobby*, lo que les permite hacer frente a las fuertes entidades negociadoras, como los sindicatos.

Con respecto a los costos, surgen ineficiencias desde varias fuentes. Por un lado, coordinar grupos no relacionados agrega un costo operativo a cada uno de los negocios. Por otro, dado que las capacidades necesarias para competir en negocios distintos suelen ser muy diferentes, no resulta difícil aprovechar las ventajas por sinergias. Por último, desde un punto de vista dinámico, tener negocios muy distintos bajo una misma propiedad puede afectar la capacidad de innovación de cada uno de ellos.

Parte de lo visto hasta aquí no se limita a la estrategia competitiva, sino que tiene importantes consecuencias en el manejo del portafolio de negocios. Por eso estamos anticipando aspectos que veremos en el próximo capítulo.

El modo en que el marco institucional afecta a una pyme es distinto del modo en que afecta a una empresa líder en su industria o a una cuyo principal cliente sea el Estado. En general, las pymes pueden operar con el Estado a través de las asociaciones gremiales. En esto no se diferencian mucho de las empresas de igual tamaño que actúan en el mundo desarrollado. Sin embargo, lo que sí cambia es la magnitud de la intervención estatal y el tipo de relaciones que se dan entre las pymes y el Estado. Por ejemplo, mientras que un trámite de habilitación en el mundo desarrollado suele ser una gestión mínima y de rutina, este mismo trámite en las economías emergentes suele requerir un considerable esfuerzo en tiempo y recursos. A su vez, suele poner al empresario frente a constantes problemas morales al tener que enfrentar los irregulares sistemas con que suelen operar las oficinas públicas. Entonces, a la hora de pensar en el desarrollo de capacidades, la relación con el Estado debe ser expresamente considerada en los diálogos de diagnóstico y formulación estratégica. El Cuadro 5.7 muestra algunos ejemplos.

Multinacionales: □ **LAN se expande** **en Latinoamérica**	LAN, aerolínea de bandera chilena, ha expandido su negocio en varios países latinoamericanos como la Argentina, Perú y Ecuador, con vuelos tanto internacionales como de cabotaje. Mediante fuertes inversiones en marketing e infraestructura, LAN ha sabido capturar rutas subatendidas a partir del declive de otras aerolíneas latinoamericanas. Paralelamente, LAN ha logrado defender su propio mercado local, que representa el 30% de su facturación, y lo ha convertido en una fuente de ingresos valiosa para financiar su expansión en el exterior. Un informe de defensa de la competencia en Chile aseguraba en 2003 que existían subsidios cruzados entre los negocios de transporte de pasajeros y de cargas (60% contra 40% de la facturación de LAN) lo que le permite establecer tarifas que disuaden a los competidores de entrar al mercado.
Pymes: **farmacias** **en Buenos Aires**	Luego de la crisis económica sufrida por la Argentina en 2001, el sector farmacéutico experimentó un fuerte crecimiento. La ciudad de Buenos Aires y otras ciudades importantes del interior del país vieron instalarse cadenas de farmacias nacionales y extranjeras (Farmacity, Dr. Ahorro y Vantage, entre otras). Las farmacias independientes de la provincia de Buenos Aires, ante el temor de una expansión de las cadenas, han logrado mantener en pie una regulación que impide la apertura de cadenas, vigente desde hace largo tiempo. Ella permite una cantidad determinada de farmacias por zona, y una vez alcanzada esa cantidad, no pueden instalarse farmacias nuevas. Se estima que los precios de los medicamentos en la provincia de Buenos Aires son entre un 6 y un 12% más caros que en la ciudad de Buenos Aires.

Cuadro 5.7. Manejo del entorno institucional en países emergentes.

Aparte de los detalles particulares de cada caso, la lección que queremos destacar es la necesidad de que el entorno institucional sea directamente considerado en la formulación estratégica a través de alguna iniciativa concreta. Dicho de otro modo: si en un plan estratégico no existen iniciativas directamente dirigidas a lidiar con el entorno institucional, es muy posible que ese plan esté dejando un flanco vulnerable que podrá traerle a la empresa peligrosas consecuencias.

PARTE II. RESUMEN

Hemos cubierto a lo largo de tres capítulos todos los elementos necesarios para hacer el diagnóstico de una UEN y sugerir distintos enfoques (formulación). Un aspecto central en el diagnóstico y formulación estratégica a nivel industrial (Capítulo 3) es reconocer los patrones evolutivos de las industrias, por medio de la descripción de las etapas del ciclo de vida y el análisis de algunas propiedades estructurales típicas. Vimos, entre otros temas, que:

- Las industrias atraviesan tres etapas básicas: la emergente, la de desarrollo y la de madurez para competir; en cada una de ellas, las organizaciones necesitan diferentes capacidades.
- La cantidad de competidores en la industria acompaña las etapas de desarrollo y de madurez: crecen con fuerza al inicio, se consolidan después, para finalmente asentarse en un valor reducido que puede llevar a la industria a adquirir tintes oligopólicos.
- Los precios y el costo medio variable tenderán a disminuir a medida que la industria avanza desde su etapa emergente hacia las etapas de desarrollo y de madurez.
- El reconocimiento del grupo estratégico al que nuestra organización pertenece resulta crucial para el análisis del entorno, dado que la competencia será más intensa entre las organizaciones que satisfacen la misma necesidad que la nuestra, con modelos de negocio parecidos.
- Las propiedades de la industria influyen en el modo en que se desarrolla la imitación en la industria. Muchas veces disminuyen sus efectos y permiten a las empresas mantener el valor agregado de sus innovaciones en niveles elevados durante más tiempo.

- Una herramienta útil para analizar la estructura de una industria en su etapa de madurez es el Modelo de las cinco fuerzas de Porter que, aun con ciertas restricciones, puede darnos una idea de la concentración de poder de negociación presente en una industria en un momento determinado.

El diagnóstico y formulación a nivel país (Capítulo 4) se ha basado en dos pilares: (1) el reconocimiento del ciclo económico en las economías emergentes y sus procesos de *Sudden-stop* y *Phoenix Miracle*, y (2) la caracterización del contexto institucional. Se ha destacado:

- La presencia de contracciones violentas en la demanda agregada de la economía, con el subsiguiente desplazamiento de la curva de demanda que debe enfrentar la empresa.
- La recuperación, también violenta, de la demanda agregada, que en promedio se recupera totalmente en tres años.
- Los cambios profundos en el precio de los factores de producción, encareciéndose al infinito el costo del capital (ausencia de crédito) y disminución del costo de la mano de obra.

Vimos que estos patrones, si bien no destruyen el ciclo de vida de la industria, incorporan procesos a tener en cuenta a la hora de prever la evolución de la industria y el mercado.

Finalizamos el tema país incorporando el marco institucional al ciclo de vida de las industrias. La ausencia de instituciones y/o su inadecuado funcionamiento pueden afectar sustancialmente el margen de la organización cualesquiera sean las fuerzas propias de las industrias y de la economía. Por eso, deben ser tenidos en cuenta explícitamente en los trabajos de estrategia competitiva.

Por último, nos sumergimos en el análisis y evaluación de las capacidades actuales y futuras de la organización (Capítulo 5). Hemos visto, entre otras cosas, que:

- Las capacidades juegan un rol preponderante a lo largo de la dinámica de innovación-imitación tanto para una organización innovadora como para una organización imitadora.
- Distintas capacidades dan sustento a los procesos organizativos de exploración y explotación necesarios, pero difíciles de armonizar.
- La cadena de valor es una herramienta útil para analizar la organización a partir de grupos de actividades homogéneas, y para descubrir dónde residen sus capacidades.
- Las capacidades centrales para competir en una industria con el modelo de negocio que hemos elegido deberían superar el test VRIINA; es decir, ser valiosas, raras, insustituibles, inimitables y no apropiables.
- Si caemos en algún tipo de miopía (temporal, espacial o de exceso de confianza) no lograremos planificar con eficacia las capacidades que necesitaremos en el futuro, y nos resultará caro y dificultoso adquirirlas debido a las leyes de tiempo-dependencia y deseconomías de aceleración.

Después de haber separado a la organización en partes para facilitar nuestro análisis, fue necesario volver a unirlas y contemplar la empresa nuevamente en forma integrada. No debemos perder de vista los efectos de la acción compartida dentro de la organización, dado que allí residen sus fuentes más genuinas de diferenciación y de defensa frente a imitadores en el mercado.

En Latinoamérica, las organizaciones no se limitan a desarrollar capacidades para enfrentar cambios tecnológicos y presiones competitivas, como lo hacen las empresas en los mercados desarrollados. También deben dedicar recursos al desarrollo de capacidades para manejar el entorno, debido a la alta inestabilidad institucional que caracteriza a la región.

PARTE III

DE LA ESTRATEGIA COMPETITIVA A LA ESTRATEGIA CORPORATIVA

En los capítulos anteriores introdujimos separadamente las herramientas para efectuar el diagnóstico de la situación competitiva de las UEN. Con ese bagaje, es necesario ahora unir todos los elementos de diagnóstico para evaluar cada negocio, y luego juntar todos los negocios para cerrar el diagnóstico estratégico de la organización. Una vez lograda esta síntesis, podremos lanzarnos de modo relativamente seguro a pensar el futuro de la organización.

Los capítulos finales se dedicarán a esta tarea. Primero vamos a analizar las herramientas de síntesis de diagnóstico a nivel UEN y luego veremos las notas salientes del conjunto de negocios. Después abordaremos distintas problemáticas relacionadas con el crecimiento de la organización. En el último capítulo integramos conceptos clave desarrollados en el libro con el objetivo de analizar si la identidad, la estrategia y la estructura de la organización constituyen un todo coherente.

La experiencia práctica muestra que el proceso de diagnóstico y la formulación estratégica son de naturaleza iterativa. En este libro hemos seguido un camino "desde abajo":

primero abarcamos la problemática de cada negocio para luego hacer la síntesis a nivel organizativo. En la vida práctica, esto más que ser un camino ascendente es un proceso iterativo. Esto es: puede ser necesario bajar a nivel de los negocios luego de la primera síntesis, revisar la situación individual de cada uno de ellos, y volver a subir para ajustar el análisis a nivel del conjunto.

CAPÍTULO 6

ATRACTIVIDAD DE LOS NEGOCIOS

El proceso de análisis estratégico busca identificar las UEN que componen una organización, diagnosticar su posicionamiento dentro del entorno competitivo, formular iniciativas pertinentes con el objetivo de mejorar dicho posicionamiento y garantizar la sustentabilidad de la organización en el tiempo.

En el Capítulo 3, nos dedicamos a analizar la atractividad de la industria en la que compite cada UEN. A su vez, expusimos la dinámica del ciclo de vida de la industria con el objetivo de anticipar presiones competitivas. Luego, en el Capítulo 4, observamos cómo este proceso evolutivo industrial se ancla y es afectado por el proceso macroeconómico propio de entornos emergentes. En el Capítulo 5 diagnosticamos las habilidades que posee una organización para competir con sus UEN y detallamos aspectos dinámicos del desarrollo de capacidades a tener en cuenta a la hora de formular estrategias.

Las herramientas detalladas en los capítulos 3 a 5, tomadas en conjunto, nos ayudan a dar respuesta a las preguntas fundamentales para efectuar el diagnóstico de una UEN: 1) ¿tenemos las capacidades necesarias para competir?; 2) ¿estamos desarrollando las habilidades que serán críticas para competir en el futuro?; 3) ¿estamos en una industria o grupo estratégico atractivo?; 4) ¿cuán atractiva será la industria en el futuro? y 5) ¿qué tendría que hacer nuestra organización para quedar bien posicionada en el entorno en el que le toca competir? Las respuestas a estas preguntas nos conducirán directamente a la lista de iniciativas o enfoques estratégicos que deberá sostener la organización en los próximos años.

El camino seguido hasta ahora ha sido el de dividir el análisis en dos "momentos": el estudio de las capacidades y el estudio del entorno. La finalidad del presente capítulo es proveer de una primera síntesis, incorporando simultáneamente ambos momentos del análisis. Para simplificarlo, al referirnos al entorno vamos a centrarnos en el entorno inmediato o industrial. El análisis del entorno país quedará subyacente tanto al ocuparnos de la industria como al referirnos a las habilidades para competir en esa industria. Haremos referencia al entorno país sobre el final del capítulo.

Diversos estudios en estrategia han buscado caminos alternativos para proveer de elementos de síntesis. Podría hablarse de al menos dos caminos o niveles distintos. El primero es el más conceptual: pone el acento en la necesidad de coherencia o *fit* entre el análisis interno (capacidades organizativas) y el externo (industria). El segundo es más instrumental: presenta diagramas de ubicación de las distintas unidades de negocio e incorpora el problema del portafolio de negocios. En este capítulo nos ocuparemos especialmente del segundo camino.

6.1. La matriz de atractividad: una herramienta para visualizar el posicionamiento de las UEN

De la intersección entre las capacidades organizacionales y la atractividad de la industria en la que cada UEN compite surge el diagnóstico de la posición competitiva de todas y cada una de las UEN en estudio. Es posible y recomendable sintetizar este diagnóstico mediante el dibujo del mapa estratégico de la organización. El Diagrama 6.1 presenta una alternativa de este mapa, conocida como *matriz de atractividad.*

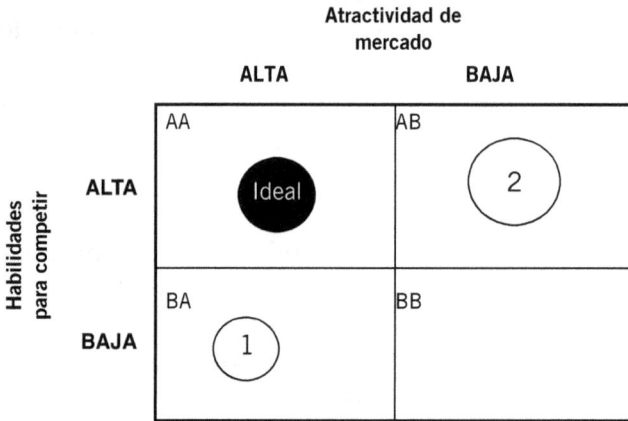

Diagrama 6.1. Matriz de atractividad.

La matriz de atractividad tiene dos entradas. El eje vertical indica la atractividad de la industria o grupo estratégico en donde compite cada UEN. El eje horizontal indica el grado de fortaleza de las capacidades de la organización para competir con esas UEN.

- Una *alta* atractividad de la industria indica elevados niveles de crecimiento y rentabilidad actuales o potenciales para las UEN que en ella operan.
- Una *baja* atractividad de la industria indica que se prevén niveles de crecimiento a tasa vegetativa y rentabilidad menor de la obtenida en el pasado, con aumento de la presión competitiva.
- Un nivel *alto* de capacidades para competir indica que ya hemos afinado el modelo de negocios de la UEN con

el cual operar en el mercado e introducido, en distintos grados, iniciativas tendientes a lograr eficiencia.

- Un nivel *bajo* de capacidades para competir indica que no hemos logrado discernir el modelo de negocio más apropiado. Esto puede ser porque los estándares de la industria todavía no han sido definidos (y por consiguiente no está claro aún de qué forma nos organizaremos) o por qué las capacidades que poseíamos en el pasado se hay vuelto obsoletas.

Se forman así cuatro cuadrantes o posibilidades donde ubicar las UEN. Cada uno tiene su correlato en cuanto a la dinámica de innovación-imitación y al ciclo de vida de la industria.

- *Cuadrante BA.* Las UEN para las cuales tenemos menos habilidades para competir que cuentan con una alta atractividad de mercado tienden a coincidir con UEN en las que se concentran las actividades de exploración de la compañía. Representamos estas UEN con el número 1 en nuestro diagrama. Aquí deben concentrarse nuestros esfuerzos de inversión para generar capacidades que hagan ascender a las UEN hasta el Cuadrante ideal AA.
- *Cuadrante AA.* Las UEN para las cuales tenemos más habilidades para competir y con alta atractividad de mercado tienden a coincidir con las UEN cuya innovación principal se está difundiendo en el mercado con gran rapidez. Este es el mejor de los mundos: la demanda para la industria crece con valores de dos dígitos, la rentabilidad aumenta y la compañía consolida su posición dentro del ámbito competitivo. Estas UEN están representadas con la palabra *Ideal* en nuestro diagrama. Una UEN debe tratar de permanecer en este cuadrante de la matriz de atractividad tanto como sea posible y se lo permitan la presión competitiva y el grado de saturación de

la industria. Lo cierto es que, generalmente, la llegada de nuevos competidores (atraídos por la posibilidad de imitar el modelo de negocio exitoso) suele no percibirse por completo, ya que el continuo crecimiento de las ventas tiende a amortiguar la presión competitiva.

- *Cuadrante AB.* Las UEN para las cuales tenemos más habilidades para competir pero con baja atractividad de mercado tienden a coincidir con las UEN donde las mejoras más refinadas resultan cruciales para mantener la cuota de mercado. Estas UEN están representadas con el número 2 en nuestro diagrama.

- *Cuadrante BB.* Las UEN para las cuales tenemos menos habilidades para competir y con baja atractividad de mercado tienden a coincidir con UEN que operan en industrias en franca decadencia. Este es el peor de los mundos: la demanda está estancada o incluso declina, y nos resulta casi imposible atenderla por falta u obsolescencia de las capacidades. Las UEN que se encuentran en esta situación son deficitarias y requieren, pero no merecen, grandes cantidades de recursos para recuperarse: aun cuando pudieran hacerlo, el mejor momento de la industria ha quedado en el pasado.

De acuerdo con nuestro análisis previo, es posible vislumbrar que la matriz de atractividad representa en sus cuadrantes BA, AA y AB las distintas etapas del ciclo de vida de la industria. El Diagrama 6.2 superpone la curva del ciclo de vida de la industria en la matriz de atractividad.

La correspondencia entre ciclo de vida de la industria y la matriz de atractividad permite ver las consecuencias de la estrategia para cada UEN, según el cuadrante en el que se la ubique dentro de la matriz. De esta manera, podemos pasar de la instancia de diagnóstico estratégico a la etapa de formulación estratégica para obtener la lista de impulsos estratégicos que regirán a la organización en el período entrante.

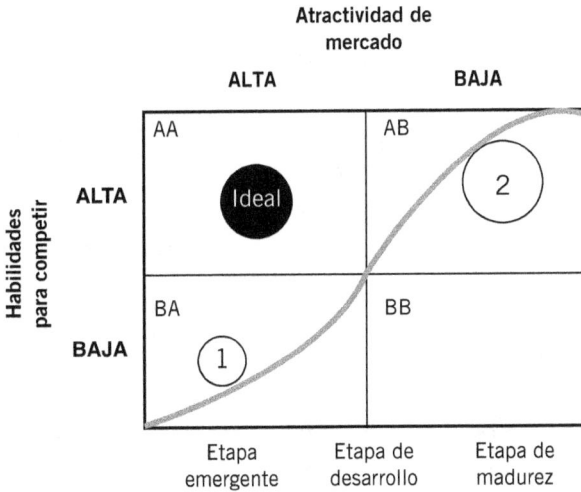

Diagrama 6.2. Matriz de atractividad y ciclo de vida de la industria.

Las recomendaciones estratégicas (formulación de impulsos) para las UEN del Cuadrante BA estarán determinadas por las características de la etapa emergente del ciclo de vida de la industria; para las del Cuadrante AA, por las características de la etapa de desarrollo, y para las del Cuadrante AB, por las características de la etapa de madurez.

El Cuadrante BB, como ya hemos mencionado, es un caso particular y bastante atípico, ya que se corresponde con las UEN que compiten en una industria no atractiva y respecto de la cual la empresa no cuenta con habilidades para competir. A pesar de la recomendación de desinvertir en estas UEN, podrían existir al menos dos razones básicas para mantenerlas:

- Se complementan con otras UEN ubicadas en cuadrantes más favorables, armando entre todas un portafolio percibido como línea de productos completa por parte de los clientes.

- De no estar presentes en el portafolio de las UEN de la organización, dejarían un flanco débil o desatendido dentro de la gama de productos, abriendo la posibilidad de ataques por parte de competidores. Es posible que los productos o servicios provistos por esta UEN sean aquellos a través de los cuales los clientes se han iniciado como consumidores de esa categoría de productos, para pasar luego a consumir versiones más sofisticadas provistas por otras UEN más rentables.

A pesar de esta correspondencia entre matriz de atractividad y ciclo de vida, es importante notar que la matriz complementa pero no sustituye el ciclo de vida de la industria como herramienta de análisis. El ciclo de vida de la industria es una herramienta de diagnóstico para una UEN individual mientras que la matriz es una herramienta de portafolio.

Una ventaja práctica de la matriz de atractividad es que permite representar gráficamente las UEN adjudicándoles tamaños relativos acordes con sus ventas o, alternativamente, a sus niveles de rentabilidad. Una vez posicionadas las UEN en la matriz de atractividad, puede analizarse el portafolio de negocios en conjunto, identificar las notas salientes para el diagnóstico y comenzar a formular impulsos estratégicos. De este modo, la matriz de atractividad permite visualizar el posicionamiento del portafolio de negocios e inferir determinadas propiedades que pasaremos a detallar.

6.2. Propiedades del portafolio de negocios

Tomando al portafolio de negocios como un todo, podemos pensar en las UEN que se encuentran en el Cuadrante BA de la matriz de atractividad como el *futuro* de la organización, las que se encuentran en el Cuadrante AA como el *presente*, y las que se ubican en el Cuadrante AB como el *pasado*. De acuerdo con la composición del portafolio, es decir, al modo en que las dimensiones de pasado, presente y futuro se encuentren representadas, es posible caracterizarlo como *inmaduro*, *equilibrado* o *envejecido*.

Los portafolios inmaduros son aquellos donde predominan las UEN en el Cuadrante BA. Las organizaciones con portafolios inmaduros encontrarán dificultades para financiar todos sus emprendimientos simultáneamente, ya que les harán falta UEN maduras generadoras de fondos. Corren el riesgo de sobreendeudarse, considerando que, posiblemente, no todas las UEN en el Cuadrante BA lograrán hacer con éxito una transición al Cuadrante AA. Y aun cuando lo consiga, la transición puede tardar más tiempo de lo esperado, creando nuevamente un problema de falta de fondos.

Los portafolios envejecidos son aquellos donde predominan las UEN en el Cuadrante AB. Las organizaciones con portafolios envejecidos tienden a ser empresas donde abundan los recursos. Su posición dominante en ciertas industrias produce fondos que se reparten entre los accionistas; la exposición al riesgo suele ser escasa y la previsibilidad de los resultados futuros, de mediana a alta. Algunas empresas pueden pasar décadas explotando portafolios envejecidos sin mayores amenazas competitivas. Sin embargo, esta aparente seguridad se transforma, por lo general, en una ilusión cuando aparecen innovaciones radicales: los productos quedan obsoletos en términos tecnológicos o su uso se convierte en algo irrelevante. La existencia de instrumentos de protección, como ciertas regulaciones, también puede favorecer la permanencia en el tiempo de portafolios envejecidos. Las empresas amparadas en regulaciones tienden a operar en ambientes relativamente seguros, sin fuerte presión competitiva. Muchas habrán perdido su liderazgo cuando su industria se desregule y estarán forzadas a competir de igual a igual con organizaciones mucho más ágiles y agresivas que ellas.

Directamente relacionado con este último punto se encuentra uno de los mayores problemas que enfrentan las empresas con portafolios envejecidos: van perdiendo capacidades de adaptación al cambio. Las reglas de juego de las industrias maduras hacen que la organización se concentre excesivamente en actividades de sintonía fina o de posicionamiento industrial, en detrimento de actividades exploratorias. Dado que las capacidades son tiempo-dependientes, tal como lo vimos en el Capítulo 5, la ausencia de capacidades de adaptación podría estar imponiendo a la organización una pesada mochila de cara al futuro.

En principio, el portafolio ideal es el que está equilibrado. Esto no implica un predominio de las UEN en el Cuadrante AA, sino la existencia de una distribución proporcionada de las UEN entre los Cuadrantes BA, AA y AB. Las organizaciones con portafolios equilibrados disponen de negocios donde se exploran innovaciones radicales, otros en fuerte crecimiento y otros maduros que proveen recursos para seguir explorando. Un adecuado balance en la dimensión temporal de los negocios es crucial para asegurar la continuidad de la organización en el tiempo. Recordemos que por encima de cada negocio debe primar la unidad estratégica de la organización: todos los negocios deben tener una identidad compartida, un *sentido de conjunto*. Este será el punto de discusión del próximo apartado.

De momento, el Cuadro 6.1 (véase la página siguiente) expone ejemplos de cada tipo de portafolio.

Kodak
Portafolio
inmaduro

A partir de 2006, Kodak se embarcó en una redefinición total de su portafolio de negocios:

- Desinvirtió en las UEN tradicionales pero deficitarias, dejando de fabricar, por ejemplo, cámaras fotográficas con películas.
- Aprovechó los fondos de las UEN maduras pero en declive, como el papel para impresión digital y la tecnología para diagnóstico médico, para financiar parte de su reconversión.
- Comenzó a concentrarse en la promoción de servicios digitales como los provistos por su EasyShare Gallery en almacenamiento e impresión de fotos.

Kodak está apostando fuertemente al futuro con proyectos que aún deben demostrar rentabilidad sostenible, y para los que la compañía debe desarrollar capacidades especiales. La erosión rápida de la competitividad de sus UEN tradicionales hace que el portafolio de negocios de Kodak esté muy anclado en el Cuadrante BA de la matriz de atractividad.

Disney LA
Portafolio
equilibrado

The Walt Disney Company posee un portafolio de negocios equilibrado en Latinoamérica:

– Mantiene el liderazgo en el segmento maduro de cine y video por medio de la creación de contenidos para consumidores de diferentes edades. También gestiona con éxito sus productos de consumo masivo, tercerizando la administración de licencias por un equipo especializado.
– Renueva periódicamente su portafolio con alternativas relacionadas con las UEN ya establecidas, avanza en TV por cable con Disney Channel y en Internet con su página www.disneylatino.com.
– Está incursionando en nuevos negocios en toda la región con iniciativas para segmentos socioeconómicos inferiores al ABC1, su cliente tradicional. Radio Disney, por ejemplo, es una iniciativa dedicada a crear relaciones estrechas con el público de menores recursos.

El predominio de los productos de las UEN tradicionales de Disney aporta recursos financieros, poder de negociación con los canales e imagen de marca a los productos de las UEN nuevas, a la vez que refuerza el posicionamiento del portafolio en general bajo la denominación común de "Experiencia Disney".

Seiko
Portafolio
envejecido

Seiko Instruments, una de las empresas ganadoras con la introducción de relojes de cuarzo de bajo costo durante el siglo XX, enfrenta hoy una situación delicada con respecto a su portafolio de negocios:

– Las ventas de relojes de bajo costo están en franco declive debido al uso de celulares y otros dispositivos móviles como instrumentos para conocer la hora.

– Las capacidades de la empresa para competir en el segmento de relojes de lujo, que está en fuerte crecimiento, son insuficientes para hacer frente a Rolex, Cartier y otros competidores tradicionales en dicho espacio.

Para restablecer el balance en su portafolio de las UEN, Seiko está buscando transformar el reloj, que de un instrumento funcional pase a ser una herramienta de expresión personal para los jóvenes. Compró los derechos de las obras de Andy Warhol, artista pop de los años 60, y está fabricando piezas de diseño original para el segmento de precio medio. También se ha asociado con la telefónica japonesa NTT DoCoMo para fabricar celulares de pulsera.

Aunque estos experimentos han tenido gran éxito en Asia, aún deben ser introducidos en gran parte del planeta. Está aún por verse si Seiko logrará desarrollar las capacidades que necesita para sostener su negocio de relojes baratos (fuente de fondos) hasta que sus nuevas líneas sean adoptadas masivamente.

Cuadro 6.1. Propiedades de los portafolios de negocios. Ejemplos.

6.3. Las UEN dentro del portafolio de negocios

Si bien es absolutamente imprescindible identificar las distintas UEN de modo individual y analizar las propiedades del portafolio como grupo de las UEN independientes, es necesario dar una última "vuelta de tuerca" al análisis y preguntarse sobre los factores unitivos del portafolio como conjunto.

El concepto tradicional que relaciona dichos factores es el de *sinergia*. Nosotros lo tomamos pero con una aclaración. Por lo general, el concepto de sinergia responde a las ventajas que se obtienen de realizar en forma conjunta actividades compartidas entre diferentes UEN de un mismo grupo económico. Si bien es verdad que estas formas organizacionales son de gran valor, esta visión de la sinergia nos parece un poco restringida, ya que no da suficiente énfasis a los aspectos dinámicos del problema estratégico en cuanto a lo organizacional ni permite introducir de forma adecuada la visión del líder dentro del proceso de pensamiento estratégico. Básicamente, todo queda reducido a un ahorro de costos.

Supongamos una organización que tiene dos UEN, identificadas como A y B. Cada una de ellas enfrenta, a su vez, a un competidor en su mercado, identificados como Y y Z. La característica de estos dos competidores es que solo cuentan con una única UEN. El Diagrama 6.3 expone esta situación en forma gráfica.

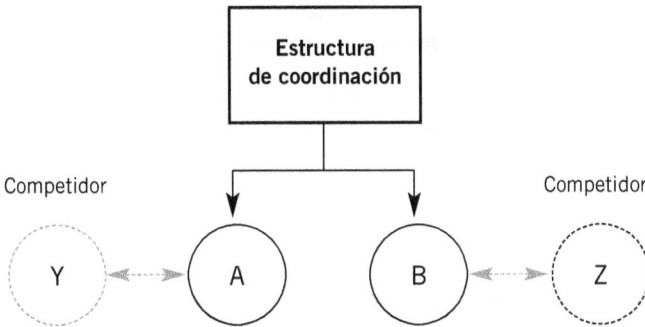

Diagrama 6.3. Las UEN dentro del portafolio de negocios.

El problema de la empresa con dos UEN ha sido ampliamente caracterizado en la bibliografía sobre diversificación. Básicamente, la UEN A y la UEN B tienen una importante desventaja inicial en costos respecto de sus competidores Y y Z, ya que estos no deben "mantener" una estructura que los coordine. Para que A y B puedan competir exitosamente, deberían existir factores de ahorro genuino que justificaran el costo que una estructura de coordinación les impone. Generalmente, este ahorro se presenta en la forma de sinergias entre las unidades A y B. Estas sinergias deberían más que compensar los costos generados por mantener esas dos unidades bajo el mismo techo. El Diagrama 6.4 representa estos conceptos.

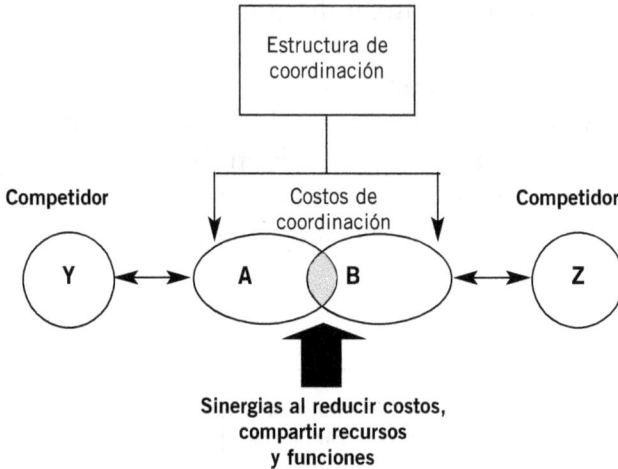

Diagrama 6.4. Sinergias entre las UEN dentro de un portafolio de negocios.

La empresa con más de una UEN solo podrá competir efectivamente cuando la estructura de coordinación pueda encontrar sinergias que hagan conveniente mantener a las UEN A y B bajo un mismo techo. Algunas de estas fuentes de sinergia son:

- *Actividades compartidas*: la posibilidad de establecer centros de servicios compartidos para actividades no centrales del negocio puede justificar la creación de conglomerados con diversas UEN. Por ejemplo, tgestiona es una empresa del Grupo Telefónica que brinda soluciones económico-financieras, de logística, de recursos humanos, inmobiliarias y de seguridad. Fundada en 1999, comenzó brindando soporte únicamente a las UEN del grupo, pero desde 2001 atiende también al mercado corporativo. Obtiene así sinergias y ahorro de costos en inversiones en tecnología, en procesos y la implementación de mejores prácticas.
- *Valor de la marca paraguas*: existen organizaciones como Nestlé que cuentan con diversas UEN que fabrican

productos aparentemente no relacionados (agua mineral, alimento para bebés, y comida para mascotas) y con marcas altamente reconocidas. Esto permite distribuir los costos de publicidad entre los distintos productos.

Este modo de evaluar las sinergias del portafolio de negocios es esencialmente estático. Es una parte muy importante del análisis pero debe ser complementado con los factores unitivos que provee la visión organizacional. Esta pregunta es central porque, de no encontrarse, sería conveniente desmembrar la organización en empresas diferentes. Los factores unitivos son los que orientan los esfuerzos de adaptación e innovación radical en la organización como conjunto. En ausencia de estos, las empresas dejan de innovar, o lo hacen con falta de coordinación, perdiendo fuerza competitiva. Visto con otra perspectiva, los factores unitivos tienen implicancias estáticas y dinámicas en las organizaciones. Esta es la parte más desafiante y a su vez más interesante del diagnóstico y formulación estratégica. Es el momento de la creatividad por antonomasia, donde se juega la sostenibilidad del grupo de las UEN como un todo a lo largo del tiempo. Es necesario que las organizaciones ocupen una parte no menor de su tiempo de pensamiento estratégico en esta tarea. El Cuadro 6.2 muestra cómo responde Disney Latinoamérica a este desafío de mantener la unidad.

Disney Latinoamérica

☐ Comenzado el nuevo milenio, Disney LA comenzó a observar que su forma de negociación con clientes, proveedores y aliados estratégicos provocaba más ruido que ventajas. Estas empresas (medios de comunicación, empresas de telecomunicaciones, cadenas minoristas) formaban progresivamente parte de grupos económicos integrados a nivel nacional y regional. Al operar con líneas de negocios separadas, Disney perdía poder y dejaba pasar oportunidades de ventas cruzadas.

Su presidente, Diego Lerner, reconoció que la integración no solo era cuestión de sinergias en costos compartidos. Disney LA debía organizarse para llegar a los clientes con una **experiencia de consumo unificada**: un mismo mensaje emitido por una única **organización alineada**. A partir de esta definición, Disney LA:

– ordenó todas sus UEN detrás de Disney Channel, la línea de negocios que permite llegar a los hogares de aquellas familias capaces de consumir toda la gama de productos Disney. DC da soporte al resto de las UEN para promocionar sus productos y servicios;
– creó una posición de desarrollo de negocios a nivel regional para capturar oportunidades de negocios que involucraran a diferentes líneas de negocios trabajando coordinadamente;
– está reformando sus sistemas de incentivos para recompensar a los ejecutivos no solo por el rendimiento de sus líneas de negocios o por zonas geográficas, sino también por los resultados colectivos de la compañía.

Cuadro 6.2. La importancia del factor unitivo. Ejemplo.

6.4. Del pensamiento estratégico a las iniciativas estratégicas

Todo lo visto hasta el momento en este capítulo ofrece las herramientas para sintetizar el diagnóstico estratégico a dos niveles: 1) nivel UEN y 2) nivel portafolio de UEN. El paso siguiente será formular un conjunto de iniciativas que "ataquen" simultáneamente estos dos niveles y planteen el eje de atención de la organización para el mediano y largo plazo.

El primer paso será evaluar cada UEN desde su posición individual. Hemos visto que, en su mayoría, estas se ubican en tres cuadrantes de la matriz de atractividad: BA, las más incipientes; AA, las que gozan de gran crecimiento, y AB, las maduras. Las iniciativas estratégicas para las UEN que no se encuentren en el cuadrante ideal consistirán en intentar mejorar la atractividad de la industria o las capacidades para competir, de manera que estas UEN se desplacen tanto como sea posible hacia el Cuadrante AA.

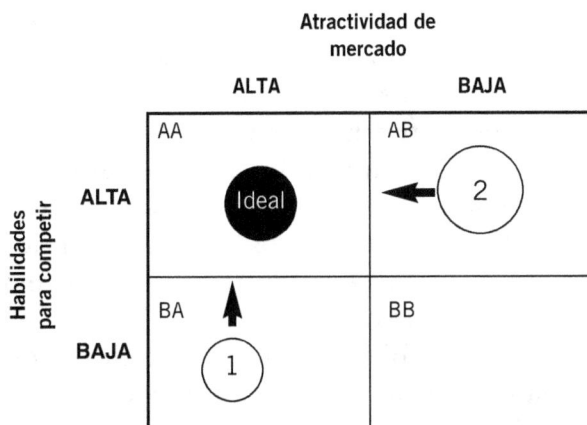

Diagrama 6.5. Formulación de estrategias en la matriz de atractividad.

Para las UEN del Cuadrante BA, tenderemos a formular iniciativas estratégicas que destaquen el desarrollo de capacidades. Al ser la atractividad de la industria alta de por sí, los impulsos buscarán que la organización sepa generar, capturar y monetizar valor una vez que las reglas de juego queden definidas. En ciertos casos, será incluso deseable y posible para la organización dar forma a las reglas de juego, de manera que los estándares de la industria se fijen en consonancia con los desarrollos de la propia empresa.

Para las UEN del Cuadrante AB, tenderemos a formular iniciativas estratégicas que destaquen aspectos de sintonía fina y de diversificación relacionada. Entre los primeros, encontraremos la certificación de normas ISO, la implementación de programas de calidad total, la realización de encuestas permanentes a clientes, el énfasis en los procesos presupuestarios y el diseño de tableros de control. A su vez, habrá impulsos tendientes a mejorar la segmentación de clientes y abundarán los estudios cualitativos que permitan crecer por medio de iniciativas de diversificación relacionada. Esta estrategia se basa en extender el uso de capacidades como la marca o un canal de distribución hacia nuevos productos. Así, es posible crear impulsos de crecimiento mediante fusiones y adquisiciones (cuando ya sea prácticamente imposible crecer en forma orgánica) o de internacionalización (llevando los productos y servicios de la UEN madura a otros mercados donde el ciclo de vida de la industria se encuentre en su etapa emergente o en la de desarrollo).

En cuanto al portafolio, en la mayoría de los casos encontraremos una gran proporción de las UEN en el Cuadrante AB. Las iniciativas estratégicas tenderán a apoyar la generación o adquisición de nuevos negocios en el cuadrante emergente, para equilibrar el portafolio. También pueden plantearse alianzas que lleven a las organizaciones con portafolios envejecidos a acceder a fuentes de crecimiento en asociación con creadores de nuevas tecnologías, canales o insumos.

Es muy importante recordar que, más allá del diagnóstico puntual y a nivel portafolio, en esta etapa la visión del líder jugará un rol fundamental. Siempre existe una dimensión de incertidumbre en toda formulación estratégica y un acto de fe en la elección del camino a recorrer. Muchas organizaciones que gozan de éxito presente y lo han tenido en el pasado no han sido capaces de proyectarse hacia el futuro, aun cuando ellas mismas fueron las creadoras de productos de nueva generación. En algún momento entre el diagnóstico, la formulación y la implementación de iniciativas estratégicas olvidan definir una visión compartida que les ayude en la transición. La formulación estratégica consiste, en última instancia, en intuir y desplegar conjuntamente la forma en que una organización agregará valor de manera diferencial en el futuro, con un modelo de negocio particular.

6.5. Análisis cuantitativo en las tareas de diagnóstico y formulación estratégica

Señalamos antes que una de las características salientes de una UEN es su carácter de centro de beneficios. Gracias a esta característica, es posible cuantificar el efecto que tendrá en el cuadro de resultados cada iniciativa estratégica tendiente a reposicionar o fortalecer una UEN. Existen procedimientos alternativos para realizar esta tarea. Aquí presentamos uno:

- El primer paso consiste en identificar la contribución económica de cada UEN al resultado global de la empresa. Esta contribución se logra no computando las actividades compartidas con otras UEN; es decir, las fuentes de sinergia.
- Una vez analizada la realidad actual de contribución de cada una de las UEN, debe cuantificarse el resultado esperado por UEN una vez realizadas las iniciativas de fortalecimiento o reposicionamiento que se hayan formulado.
- El siguiente paso consiste en incorporar al análisis el eventual lanzamiento de alguna nueva UEN, o la escisión de una existente en dos UEN más pequeñas.
- El paso final del proceso será la incorporación de cada análisis individual en un cuadro de resultados esperados compartido, de manera de cuantificar el efecto a nivel organizacional. En esta instancia sí deben tenerse en cuenta las fuentes de sinergia. Debe intentar cuantificarse, en la medida de lo posible, todo ahorro de costos por inversiones o insumos compartidos, al mismo tiempo que todo beneficio resultante de la unidad organizacional.

Las ventajas de incorporar la instancia de análisis del efecto esperado en el cuadro de resultados de los impulsos estratégicos son múltiples. Por un lado, permite anticipar si los impulsos definidos serán suficientes para garantizar la continuidad de la empresa a lo largo del tiempo. Por otro lado, permite crear indicadores de cumplimiento del plan estratégico que puedan incorporarse a un tablero de control. De esta manera, el análisis de las UEN como portafolio dará soporte al establecimiento de objetivos cuantitativos que sirvan para orientar el trabajo de la organización.

6.6. Portafolios de negocios en economías emergentes: el fenómeno de los grupos económicos

Durante este capítulo vimos cómo identificar la posición competitiva de cada UEN y qué elementos considerar para darle unidad al portafolio de las UEN. Existe, sin embargo, otro nivel de análisis muy relacionado, que tiene que ver con la posibilidad de que bajo una misma propiedad existan empresas con negocios muy distintos. Ya no se trata de las UEN, sino de organizaciones legalmente distintas, pero que tienen un mismo dueño. Este es el fundamento de los grupos económicos. En este apartado detallaremos las características de los grupos económicos, explicando los aspectos racionales que les dan origen, y analizaremos las ventajas y desventajas de crear mayores grados de diversificación en nuestra región.

La lógica de sinergias estudiada en el apartado 6.4 depende de un supuesto fundamental: que exista un *marco institucional* desarrollado y eficiente dentro del cual las empresas puedan operar. La situación de dicho marco se evidencia, sobre todo, en un funcionamiento aceitado del mercado de capitales: toda empresa con proyectos atractivos que recurra al mercado de capitales encontrará fondos disponibles para llevar a cabo ese proyecto; y toda persona que quiera diversificar el riesgo de sus inversiones, podrá acudir al mercado para armar la cartera más eficiente a tal efecto. De hecho, la alta liquidez de tales mercados los convierte en excelentes instrumentos de diversificación de riesgo.

Cuando los mercados de capitales son eficientes, el mismo mercado, al permitir que los inversores creen carteras de negocios, hace que parte del riesgo sea perfectamente diversificable. Cuando son los accionistas quienes naturalmente diversifican sus inversiones, no tiene sentido que una empresa asuma la responsabilidad de diversificar sus negocios. ¿Quién compraría acciones de una empresa diversificada cuando ella puede crear carteras diversificadas mucho más sofisticadas de lo que podría hacerlo la organización? Esta lógica es coherente con lo que hemos dicho en el Capítulo 1: que el mercado suele ser más eficiente que las empresas para evaluar los usos alternativos de los recursos. Por eso, en las economías desarrolladas, las empresas suelen establecer diferentes UEN solo en la medida en que estos negocios presenten actividades compartidas (sinergias) que lleven a un ahorro de costos.

Si los mercados de capitales no están suficientemente desarrollados (como suele ocurrir en los países emergentes), existiría lugar para que las empresas agreguen valor diversificando el riesgo a través de la formación de conglomerados. Dado que a los accionistas les resultaría difícil armar una cartera diversificada en un mercado de baja liquidez, el conglomerado pasaría a asumir parte del rol que le correspondería al mercado en la diversificación del riesgo, al ofrecer a los inversores alternativas de inversión de menor riesgo.

Armado el conglomerado, una forma de disminuir el riesgo incluye la realización de prácticas de *tunneling*, que consisten en desviar recursos de una empresa hacia otra dentro de un mismo grupo económico, según resulte conveniente. Esto permite a los grupos económicos operar relativamente al margen de las idas y venidas del mercado financiero local. El *tunneling* es particularmente útil cuando las empresas que forman parte del conglomerado se encuentran en diferentes cuadrantes de la matriz de atractividad (es decir, una es generadora y la otra es tomadora de fondos) o cuando una soporta más presión competitiva que la otra (es decir, una requiere de mayor cantidad de recursos que la otra para mantener su posicionamiento con el modelo de negocio elegido).

Como desventaja, las prácticas de *tunneling* dan preeminencia a los accionistas controladores (generalmente miembros de la familia fundadora del conglomerado) sobre los no controladores (fondos de inversión, inversores individuales). De tal manera que los accionistas controladores terminan disponiendo de fondos para realizar las estrategias en forma más que proporcional a sus tenencias accionarias. Las prácticas de *tunneling* pueden resultar en una transferencia de activos e ingresos desde las firmas dependientes a la central del grupo económico, y/o en una transferencia de pasivos y pérdidas desde la central a las firmas dependientes.

Otra posible ventaja de los conglomerados radica en que será menor su riesgo si existiera la posibilidad de que sus ejecutivos encontraran un acceso relativamente directo al gobierno del país emergente en donde la empresa actúa. Dicha ventaja, a la hora de negociar leyes e influir en el entorno institucional, significaría la protección de los activos de la compañía. Esta característica hace que los grupos económicos locales con acceso al gobierno nacional sean muy buscados como posibles socios por las empresas extranjeras que intentan invertir en el país.

Es aún muy controvertido el impacto neto de las ventajas y desventajas en la estructura de un grupo económico, pues la evidencia empírica ha dado resultados opuestos según las mediciones. Un reciente estudio resulta de particular interés: Chakrabarti, Singh y Mahmood (2007) investigaron el comportamiento económico de los grupos económicos en seis países del sudeste asiático que presentaban diferentes niveles de desarrollo institucional (Singapur, Japón, Corea, Malasia, Tailandia e Indonesia, en orden descendente de calidad institucional) y midieron sus reacciones frente a la crisis económica de 1997. Sus conclusiones fueron que los resultados que una organización puede obtener al diversificarse están influidos por el contexto institucional y la estabilidad económica del país donde actúa y de la pertenencia o no a un grupo económico. La diversificación solo parece ser beneficiosa en los países con muy bajo desarrollo económico, sin brindar ventaja alguna a empresas que actúan en contextos de mediano o alto desarrollo. Por otro lado, la diversificación no parece proteger de forma especial a las empresas durante una crisis económica generalizada.

CAPÍTULO 7

LOS CAMINOS DEL CRECIMIENTO

El capítulo anterior contiene los elementos necesarios para diagnosticar la posición competitiva de un portafolio de negocios e incoar sus lineamientos estratégicos. El objetivo del presente capítulo es profundizar en el *contenido* de la estrategia, explorando las vías de crecimiento de que disponen las organizaciones. Al analizar el crecimiento deben considerarse dos dimensiones: el tipo y el modo.

Las decisiones sobre el *tipo* de crecimiento se refieren a cuán relacionado estará el nuevo negocio respecto de los negocios que la organización realiza en el presente; es decir, la "distancia" que habrá entre los productos-mercados actuales y los futuros. Este ejercicio requiere al menos dos consideraciones: 1) entender la distancia que nos separa de un nuevo cliente y de sus necesidades, y 2) entender la distancia que debemos cubrir en términos de capacidades organizacionales para satisfacer esas necesidades.

Las decisiones respecto del *modo* tienen que ver con cómo se crecerá, y se reducen básicamente a tres posibilidades: 1) desarrollar internamente las capacidades necesarias para crecer, 2) adquirirlas o 3) acceder a ellas a través de alianzas con otras organizaciones. Así, tipo y modo marcan las dimensiones a ser consideradas al formular el crecimiento.

Los caminos del crecimiento para una UEN dependerán críticamente del momento del ciclo de vida de la industria en que esta se encuentre. Por eso, dividiremos el análisis por etapas del ciclo de vida, comenzando por la etapa de desarrollo, pasando luego a la madurez y finalizando en la etapa emergente. Como puede observarse, el orden lógico no respeta estrictamente el orden cronológico –analizaremos la etapa emergente al final, y no al inicio. Este modo de presentación hará más fácil la comprensión de la complejidad del crecimiento en cada etapa.

Sobre el final del capítulo profundizaremos en la dimensión geográfica del crecimiento, incorporando notas salientes de estrategia internacional. El crecimiento en países diferentes de aquel en el cual nació la empresa es uno de los desafíos de crecimientos más ricos y apasionantes que enfrenta la organización. Anclados en el estudio del crecimiento, presentaremos aspectos particulares de los negocios internacionales y cerraremos con algunas notas relevantes específicamente relacionadas con Latinoamérica.

7.1. Planificación del crecimiento

Uno de los primeros intentos de sistematizar los caminos del crecimiento fue realizado por Igor Ansoff[1] en 1965. Su planteo inicial era muy sencillo: el crecimiento puede consistir en agregar nuevos productos, agregar nuevos mercados geográficos o una combinación de ambos. El Diagrama 7.1 presenta la matriz Producto/Mercado de Ansoff tal como apareció

---

1. Ansoff, I.: *Corporate Strategy: An Analytical Approach to Business Policy for Growth and Expansion.* McGraw Hill, Nueva York, 1965.

originariamente, aunque con algunos ajustes semánticos para darle coherencia al desarrollo del capítulo. Con posterioridad, la interpretación de la matriz llevó a expandir la concepción de nuevos mercados desde el ámbito puramente geográfico a ámbitos funcionales.

Productos

	Actuales	Nuevos
Actuales	Penetración de mercado	Desarrollo de productos
Nuevos	Desarrollo de mercados	Diversificación pura

Mercados

Diagrama 7.1. Matriz producto/mercado de Igor Ansoff.

De la matriz de Ansoff se desprenden cuatro estrategias básicas de crecimiento:

Penetración de mercado:
– Objetivo. Consiste en vender más unidades de los productos o servicios actuales a los clientes actuales. La organización intentará que quienes ya consumen sus productos o servicios aumenten la cantidad consumida o la frecuencia de consumo, y que quienes no los consumen pero se encuentren dentro del segmento objetivo comiencen a hacerlo.
– Complejidad. Baja. Se trata de la estrategia que menor distancia plantea respecto de lo que la organización sabe hacer hoy.

– Mecanismos. Esta estrategia se apoya en iniciativas de fidelización de clientes, como las basadas en descuentos por volumen o en recompensas por compra frecuente. Los beneficios se derivan de haber logrado mayor poder de negociación en la compra de insumos, o haber llegado a economías de escala a través de mejoras en la producción o en la distribución. Por ejemplo: promociones 2x1 en supermercados como Wal-Mart.

Desarrollo de mercados:
– Objetivo. Consiste en llevar productos y servicios actuales a nuevos mercados. Esta estrategia se apoya en iniciativas que buscan acceder a nuevos segmentos de consumidores en el mercado geográfico actual o penetrar en mercados extranjeros. Generalmente, esta estrategia permite dar nuevos impulsos al ciclo de vida de una industria saturada en una geografía pero emergente en otra.
– Complejidad. Mediana/grande. Es posible que deban realizarse modificaciones en los productos para respetar pautas culturales imperantes en el nuevo mercado. A mayor distancia de los mercados, mayor complejidad en la estrategia.
– Mecanismos. Esta estrategia se apoya en la detección de similitudes entre las necesidades de los consumidores actuales y las de sus pares en otros segmentos o mercados. Por ejemplo: Disney Channel Latinoamérica es una iniciativa que extiende hacia una región emergente el negocio de la división estadounidense Walt Disney Television. Respeta la pauta del producto original, pero también agrega contenidos generados especialmente para televidentes latinoamericanos.

Desarrollo de productos:
– Objetivo. Consiste en ofrecer nuevos productos y servicios a los clientes actuales.

- Complejidad. Mediana/grande. El éxito radica en
  identificar las necesidades de los clientes actuales que
  puedan satisfacerse aplicando capacidades que la
  organización ya posee o está en condiciones de adquirir. Cuanto mayor sea la diferencia en las capacidades
  que requiere el nuevo producto respecto de lo que la
  empresa hace hoy, mayor será la complejidad estratégica.
- Mecanismos. Esta estrategia se apoya en iniciativas
  que buscan generar oportunidades de *cross-selling*, de
  manera que se enriquezca la gama de productos y servicios disponibles para los consumidores objetivo y
  desarrollar su lealtad. Por ejemplo: al adquirir y desarrollar servicios complementarios a su negocio principal de búsqueda en Internet (como Gmail, Picasa,
  Google News y Blogger), Google cada vez más busca
  satisfacer una cantidad mayor de necesidades de sus
  usuarios y proveerles un único punto de referencia
  para sus actividades en la web.

Diversificación pura:
- Objetivo. Consiste en ofrecer productos y servicios nuevos a nuevos segmentos de consumidores o a consumidores ubicados en mercados geográficos distantes.
- Complejidad. Alta. Se trata de la estrategia que plantea el mayor riesgo, ya que la distancia existente entre
  los productos-mercados actuales y futuros es máxima.
- Mecanismos. La diversificación puede ser relacionada
  o no relacionada, según cuán similares sean las capacidades necesarias para la diversificación con respecto
  a las capacidades actuales de la organización. Cuanta
  más sinergia exista entre los negocios actuales y los
  futuros, menor será la distancia Por ejemplo: aun
  cuando Disney Latinoamérica tenía pocas capacidades
  en el tema radio, el lanzamiento de Radio Disney en

la región se apoyó en fuertes sinergias con el resto de las líneas de negocios de la compañía, y por lo tanto puede considerarse una diversificación relacionada. Por el contrario, GE es una organización que se caracteriza por mantener en su portafolio negocios tan disímiles como motores para avión, tomógrafos y equipos de audio para el hogar. La estrategia de diversificación no relacionada frecuentemente es utilizada por organizaciones que actúan en mercados fuertemente cíclicos y buscan contrarrestar este efecto con negocios que se muevan en forma anticíclica.

El crecimiento que se da en una organización por inercia y que involucra hacer cada vez mejor lo que la organización ya sabe hacer suele denominarse *crecimiento orgánico.* Dado que las distancias en términos de productos o capacidades son mínimas, el crecimiento orgánico no resulta demasiado complejo. Es posible crecer orgánicamente hasta que la industria se sature.

La parte interesante del crecimiento se da cuando la organización debe apartarse de su tendencia natural al crecimiento orgánico, debe expandirse y diversificarse. Se trata de situaciones en las que el rumbo estratégico da un salto cualitativo que requiere cubrir cierta distancia. La pregunta clave es: ¿en qué medida puede o debe la organización diversificar? La tendencia a "alejarse" de los productos-mercados actuales suele encararse a través de la búsqueda de entornos competitivos menos hostiles o menos saturados. El inconveniente de este alejamiento se plantea en cuanto a las capacidades: *cuanto más lejos la organización apunte, menor será el impacto de las capacidades actuales sobre los* drivers *de generación de valor del nuevo negocio.*

Los estudios empíricos han encontrado una relación curvilínea entre la distancia de diversificación asumida por una organización y la rentabilidad obtenida. La diversificación parece tener un efecto positivo en la generación de valor para la organización hasta un determinado punto, pasado el cual el impacto neto comienza a ser negativo. La lógica detrás de estos resultados parece ser la siguiente: al iniciar la diversificación, la organización obtiene ahorros generados por haber logrado economías de escala y de alcance, por haber usado la capacidad ociosa instalada o por sinergias en el uso de sus capacidades. Estos ahorros compensan con creces el incremento de los costos que surgen al coordinar negocios diversificados. A medida que la distancia entre los productos-mercados actuales y futuros se va haciendo más grande, los costos de coordinación crecen a más velocidad que los ahorros, y las capacidades distintivas de la organización tienden a diluirse hasta erosionar completamente el valor generado por la diversificación. El Diagrama 7.2 expone la evolución del valor de la diversificación a medida que la empresa se aventura en negocios más lejanos de los actuales.

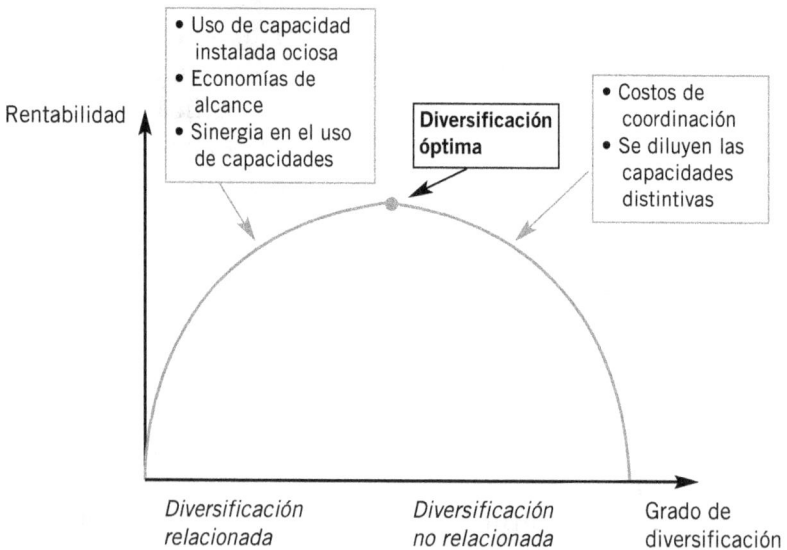

Diagrama 7.2. Distancia de diversificación contra rentabilidad obtenida.

Una vez resuelto el problema del tipo de diversificación, corresponde definir el modo. Existen dos maneras de diversificar productos o mercados: apalancando el esfuerzo en recursos o capacidades desarrollados internamente por la organización (*crecimiento interno*), o recurriendo a los recursos o capacidades de otras organizaciones (*crecimiento externo*). Para esta última alternativa, existen dos casos típicos: la adquisición o fusión con otra empresa, o el establecimiento de algún tipo de alianza. El Cuadro 7.1 muestra la combinación entre el tipo de diversificación y los modos de diversificación.

Tipo de diversificación

		Relacionada	No relacionada
Modo de diversificación	**Interno** / **Alianzas**	**TATA + Fiat:** La automotriz italiana y su par india colaboran en el diseño y producción de un automóvil de precio ultrabajo destinado a consumidores de base de la pirámide en Asia y Latinoamérica.	**Swatch + Mercedes Benz:** La relojera suiza colaboró con la automotriz alemana en el diseño del Smart, un auto de bajo consumo y pequeñísimo tamaño inicialmente destinado al mercado europeo.
	Externo / **Adquisiciones**	**Yahoo! + Flickr:** El gigante de Internet adquirió la plataforma de administración de fotos y videos para enriquecer su portafolio de propuestas web 2.0.	**Nestlé + L'Oréal:** El gigante suizo de alimentos controla desde 2004 aproximadamente un cuarto de las acciones de la empresa de cosméticos francesa.

Cuadro 7.1. Matriz tipo/modo de diversificación.

Como señalábamos en la introducción, el tipo y el modo de diversificación serán contingentes a la etapa del ciclo de vida de la industria en que se encuentre la UEN analizada. Por eso, una adecuada aplicación de la matriz de diversificación requiere de un atento análisis del momento del ciclo de vida de los negocios. Sin embargo, antes de introducirnos en esa tarea, vamos a profundizar en las dos alternativas de crecimiento externo: las alianzas y las adquisiciones.

7.2. Alianzas y adquisiciones: dos caminos para el crecimiento externo

Crecer por medio de alianzas es un camino muy distinto de hacerlo mediante adquisiciones. Estudios recientes demuestran que no siempre los altos ejecutivos conocen los criterios que deberían guiar la decisión de optar por uno u otro modo de crecimiento en sus organizaciones, y tampoco son conscientes de las consecuencias resultantes de una u otra decisión. Dyer, Kale y Singh[2] exploraron mediante una encuesta la actitud de 200 ejecutivos de empresas de los Estados Unidos frente a la decisión de adquirir o aliarse con otra compañía. Encontraron que el 82% de los consultados consideraba a las alianzas y las adquisiciones como dos caminos indistintos para alcanzar un mismo objetivo de crecimiento. A su vez, un 76% de las empresas de la muestra que realizaron adquisiciones jamás consideraron la alternativa de establecer una alianza. Por último, un 86% de las organizaciones encuestadas nunca habían desarrollado políticas para evaluar la conveniencia de realizar alianzas o adquisiciones cuando se les presentaba una oportunidad de crecimiento.

Las alianzas y las adquisiciones son alternativas de crecimiento mutuamente excluyentes. Cada una presenta ventajas y desventajas que deben ser evaluadas con cuidado, a la luz de los objetivos de crecimiento de la organización. Está comprobado que las alianzas y las adquisiciones con mucha frecuencia tienden a fracasar.

---

2. Dyer, J.; Kale, P. y Singh, H.: "When to Ally and When to Acquire", *Harvard Business Review*, July-August, 2004.

Las *adquisiciones* suponen la compra de una porción controlante o de la totalidad de las acciones de otra compañía. Por lo general, suponen la absorción de un competidor directo o de organizaciones cuyos negocios están basados en capacidades cercanas a las de nuestra empresa. Se trata de un modo de crecimiento que puede otorgar beneficios inmediatos (por ejemplo: un aumento de la cuota de mercado para la organización compradora) pero que también puede significar un alto riesgo. Generalmente, el desafío más importante reside en integrar los procesos, los productos y las culturas de ambas organizaciones correctamente. En este sentido, las adquisiciones presentan más probabilidades de fracasar que las alianzas.

Por su parte, las *alianzas* significan el inicio de una relación cooperativa entre dos organizaciones. Resultan de utilidad cuando las capacidades de ambas partes se complementan de forma que permitan obtener un valor superior al que cada compañía podría crear si trabajan por separado. Si bien no son tan riesgosas como las adquisiciones, las alianzas deben tener objetivos precisos, establecer con claridad la contribución que se espera de cada miembro, designar a las personas que actuarán como contactos para representar a cada parte y determinar una fecha de finalización del acuerdo. No es conveniente dejar que las alianzas entren en "piloto automático". Periódicamente, deben evaluarse sus resultados para determinar si es conveniente mantener, ajustar o disolver el acuerdo.

En este marco, parece importante plantear algunos lineamientos a la hora de encarar alianzas o adquisiciones. Uno de ellos es tener en cuenta el grado de incertidumbre que puedan presentar los resultados del trabajo conjunto entre ambas compañías. Cuanto más inciertos sean los resultados, más convendrá plantearse si interesará más una alianza que una adquisición. Esta regla encuentra sus excepciones en algunas industrias hipercompetitivas: aun en escenarios de altísima incertidumbre, las empresas líderes suelen realizar adquisiciones "preventivas", destinadas a evitar que sus competidores más inmediatos establezcan lazos con la empresa en cuestión. Este ha sido el caso de la compra de YouTube por Google, o la de MySpace por NewsCorp.

7.3. El crecimiento a lo largo del ciclo de vida de la industria

7.3.1. Crecer en la etapa de desarrollo

Hemos visto en el Capítulo 3 que una característica relevante de la etapa de desarrollo de una industria es su presencia en un mercado que dista de estar saturado. Las organizaciones que compiten en dichos mercados solo sienten muy levemente la presión competitiva. Por eso en esta etapa el crecimiento se da sin problemas de un modo orgánico, a medida que la organización desarrolla internamente las capacidades necesarias para satisfacer la demanda.

Sin embargo, como también ya lo analizamos, una tarea central en esta etapa es prever las propiedades de la industria que imperarán en la madurez. Cuanto mayor incidencia tengan dichas propiedades, mayor será la necesidad de que la organización llegue a la madurez con una amplia participación de mercado.

En circunstancias en las que pueda anticiparse que habrá lugar para unas pocas empresas en la etapa de madurez de la industria, la organización deberá implementar una estrategia de foco para crecer. Puede ocurrir que el proceso natural de desarrollo interno de capacidades no sea suficiente para avanzar a la velocidad necesaria. Entonces, una posible alternativa a tener en cuenta es la fusión con un competidor –o su adquisición. En industrias que evolucionan sobre la base de la convergencia con otros negocios (como, por ejemplo, la de medios y entretenimiento), es posible que el objetivo de la adquisición no sea un competidor directo sino una compañía con capacidades complementarias. Esta adquisición, aunque riesgosa, puede ayudar a conseguir un posicionamiento correcto durante la madurez y, por lo tanto, a construir capacidades valiosas.

Existen algunas industrias donde realizar alianzas en la etapa de desarrollo pueda constituir una alternativa válida. Un ejemplo son las industrias de software abierto. Una vez definido un estándar para el desarrollo de la tecnología, las empresas que compiten en base a ese estándar deben crecer rápidamente para imponer ese estándar en el resto de la industria. A estas empresas les será difícil implementar estrategias de foco y a la vez mantener una amplia gama de productos. Las alianzas pueden ayudarles a generar, en paralelo con otras empresas, la variedad de productos necesaria para dar soporte al estándar, y a la vez permitirles concentrarse en una cantidad reducida de productos de la organización de puertas hacia adentro.

7.3.2. Crecer en la etapa de madurez

La etapa de madurez de una industria presenta una situación muy diferente de la de desarrollo. En esta fase conviven, generalmente, dos tipos de organizaciones: las empresas que han atravesado con éxito las etapas anteriores del ciclo de vida y se encuentran compitiendo en la industria en base a la captura de propiedades estructurales, y empresas nuevas que desean entrar en la industria.

Para las empresas que han llegado con éxito a la madurez y ya tienen garantizada una posición de liderazgo en la industria, la alternativa orgánica de crecimiento es el desarrollo de productos. Esta tarea se apoya intensamente en las actividades de la cadena de valor próximas al cliente. Por medio de un estudio minucioso de las necesidades del cliente y de una segmentación adecuada, las organizaciones pueden capturar diferentes espacios y obtener beneficios basados en cobrar a cada segmento de clientes lo máximo que esté dispuesto a pagar. Un paso más en esta dirección de crecimiento sería la diversificación relacionada a partir del diseño de nuevos productos para nuevos clientes y que se apoyen en capacidades que la organización ya ha desarrollado.

Sin embargo, durante la etapa de madurez, las presiones competitivas pueden casi empujar a algunas empresas a fusionarse o a adquirir competidores. Dado que en esta etapa se siente intensamente la competencia, la eficiencia en los procesos suele ser lo que domina dentro de los impulsos estratégicos. Cuando las mejoras en eficiencia que una organización puede obtener por sí misma parecen no ser suficientes para competir exitosamente, una alternativa válida está en buscar economías de escala mediante la compra de competidores. En el Cuadro 7.2 - Parte 1 se mencionan algunos ejemplos:

Crecimiento en la etapa de madurez	**2000 - La fusión de AOL y Time Warner** La compañía de servicios on line se alió con la empresa de entretenimientos para garantizarse acceso a eslabones complementarios en su cadena de valor. Los contenidos producidos por Time Warner serían de acceso exclusivo para los usuarios que accedan a través del portal de AOL. **2002 - La fusión de HP y Compaq** Ante la imposibilidad de crecer orgánicamente en la ya saturada industria de las PC, dos de los mayores fabricantes se fusionaron para hacer frente a las presiones en márgenes y participación de mercado que ejercían competidores jóvenes y ágiles como Dell. **2004 - Sanofi-Synthélabo y Aventis** Los gigantes farmacéuticos se fusionaron a partir de una adquisición hostil de Sanofi al grupo que en 1999 formaron las farmacéuticas Rhône Poulenc y Hoechst. Las economías de escala y los ahorros provenientes de aunar esfuerzos en I+D justificaron esta y muchas otras fusiones en la cada vez más competitiva industria de los medicamentos.

Cuadro 7.2 - Parte 1. Ejemplos de crecimiento en la etapa de madurez del ciclo de vida de la industria.

Así planteada, esta estrategia no está exenta de grandes riesgos, sobre todo si el objetivo principal es mejorar la eficiencia operativa. Sin embargo, uno de los riesgos más importantes que puede observarse es el posible daño cultural. En pos de hacer realidad las sinergias previstas al estructurar la adquisición, los ejecutivos parecen olvidar la integración de los recursos humanos –sin la cual, por otra parte, pocas sinergias pueden materializarse. Este riesgo es mayor cuando la adquisición es vista como un motor para elevar el crecimiento y la rentabilidad de un negocio maduro, incapaz de ofrecer esos niveles de dinamismo. En estas circunstancias, la solución más razonable, si se pretende una creación genuina de valor, consistirá en plantear nuevos negocios en industrias aún no desarrolladas. La empresa debería centrarse en crear UEN en la etapa emergente, no en fusionar negocios en la etapa de madurez.

Distinta es la historia para las compañías que buscan entrar en una industria madura. Estas empresas preferirán competir en nichos específicos cuyo tamaño sea lo suficientemente grande como para asegurarles rentabilidad y a la vez lo bastante pequeños como para no ser el blanco de impulsos estratégicos de empresas grandes ya establecidas. En general, se observa que los competidores de nicho en la etapa de madurez tienen muchas probabilidades de éxito, al menos cuando se los compara con los competidores de nicho en la etapa de desarrollo. En la de madurez, los nichos aparecen con más nitidez y menor riesgo, dado que la magnitud de las propiedades estructurales de la industria ya se han hecho evidentes.

Las alianzas estratégicas también cumplen un rol muy importante en la etapa de madurez. En busca de mejorar sus costos, muchas empresas optan aquí por tercerizar ciertas actividades de la cadena de valor. Dado que la industria se ha estabilizado, las variables generadoras de valor del negocio resultan evidentes –al igual que las actividades de menor impacto. Mediante la tercerización, otra empresa asume como proveedor a largo plazo alguna de las actividades de la cadena de valor, permitiendo que la organización obtenga algunos ahorros y se concentre en actividades críticas. El Cuadro 7.2 - Parte 2 ilustra esta situación:

Alianzas en la etapa de madurez	**1992 - Laura Ashley y Federal Express** La firma de indumentaria y decoración inglesa se alió con la compañía internacional de correos para agilizar y hacer más eficiente la distribución de sus productos a los clientes finales. La rápida expansión de los locales de Laura Ashley en los años 80 no tuvo en cuenta de forma adecuada las complejidades logísticas que surgirían. Al momento de la alianza, la empresa estaba perdiendo participación de mercado por causa de la insatisfacción de sus clientes, que frecuentemente recibían sus pedidos con tardanza o errores.

Cuadro 7.2 - Parte 2. Alianzas en la etapa de madurez de la industria.

Algunas alianzas van más allá del ahorro de costos y se ponen al servicio del desarrollo de mercados o segmentos. Estas alianzas son de naturaleza creativa y combinan las capacidades clave de cada parte para llevar a cabo iniciativas que individualmente ninguna de ellas estaría en condiciones de asumir. El Cuadro 7.2 - Parte 3 ilustra esta situación en la saturada industria automotriz.

☐ **La alianza de Swatch y Daimler Benz para crear un automóvil joven y versátil**

En 1997, el gigante automotriz Daimler-Benz y la relojera suiza Swatch presentaron en Alemania el Smart, un auto supercompacto, de bajo costo y atractivo diseño. El automóvil, concebido por el entonces CEO de Swatch:

– Fue planteado como vehículo citadino para trasportar hasta dos personas. Su segmento objetivo eran principalmente los jóvenes.
– Podía ser estacionado en los lugares más pequeños, ya que solo medía dos metros y medio de largo.
– Apuntaba a incluir funcionalidades de avanzada, como un motor híbrido y óptimo aprovechamiento del combustible.

Si bien el auto se vendió con éxito en Europa, le costó hacer la transición hacia otros países en donde la atractividad de un vehículo tan pequeño resultaba menor. Por otra parte, las características funcionales especiales que se habían establecido como objetivo resultaron demasiado costosas y no se implementaron.

En 2006, la alianza fue disuelta y las operaciones relacionadas con el Smart quedaron en manos de Mercedes Benz, con presupuesto y actividad limitados. A pesar de este resultado, el Smart permitió a Mercedes incursionar en el segmento de autos compactos que nunca dominó, y a Swatch extender sus capacidades de diseño de productos de consumo durables.

Cuadro 7.2 - Parte 3. Alianzas que apuntan a la creatividad: el Smart de Mercedes Benz y Swatch.

7.3.3. Crecer en la etapa emergente

Las estrategias de generación de negocios en una etapa emergente tal vez sean las más apasionantes dentro de los negocios. Para una empresa que lleva muchos años de historia y ha alcanzado el liderazgo en sus negocios, crecer con UEN emergentes plantea desafíos no menores. Muchas veces, la creación de esta UEN implica reinventar la industria y "matar", tal vez anticipadamente, una tecnología que todavía es capaz de dar frutos. Uno de los principales dilemas está relacionado con la distancia que existe entre la alta dirección de la empresa y las nuevas tecnologías.

En general, la alta dirección está bien posicionada para alinear la organización detrás de los negocios en industrias en desarrollo y maduras, por medio de lo que llamamos *impulsos estratégicos inducidos*. Sin embargo, para las UEN en estadios emergentes, la información es imprecisa. El principal desafío de la alta dirección está en coordinar la novedad, algo que parece una contradicción en sí misma, ya que no se puede coordinar lo que todavía no existe. Técnicamente, este problema se conoce como coordinar los *impulsos estratégicos autónomos*. Estos impulsos son los que en las organizaciones surgen de abajo hacia arriba, y las nuevas ideas que se aportan provienen del contacto frecuente de los empleados con el cliente final. Existe, entonces, una tensión porque, mientras que la alta dirección es en general quien está en mejor posición para ver la integración de la empresa, son los puestos gerenciales quienes están en mejor posición para entender las demandas del cliente y encontrar oportunidades de negocio. Esta realidad se hace más acentuada a medida que aumenta el tamaño de una organización. El Cuadro 7.3 ilustra esta situación.

Impulsos autónomos e impulsos inducidos	**Los años 90 - El cambio de foco de Intel**
	Durante la administración de Andy Grove, quien asumió como CEO de Intel en 1987, la compañía dio un giro estratégico al dejar de concentrarse en memorias (su mercado tradicional, en el que estaba siendo derrotada) para pasar a concentrarse en microprocesadores. A partir de este impulso inducido por Grove, Intel se convirtió en el líder absoluto de la industria.
	En oposición a la arquitectura x86 imperante en la compañía, los ingenieros de Intel crearon en forma autónoma una segunda arquitectura, la i860, más sencilla. Entablaron contacto con fabricantes originales de PC y lograron buena recepción del producto con jugadores complementarios como Microsoft. Pronto captaron el 50% de los fondos de I+D destinados al desarrollo de productos.
	Se desencadenó en Intel una tensión palpable alrededor de ambas arquitecturas, que competían por convertirse en el estándar de la compañía. Finalmente, Grove reforzó su impulso inducido dando la orden de concentrar todos los esfuerzos de Intel en la arquitectura x86.

Cuadro 7.3. Impulsos autónomos e inducidos.

7.4. Crecer en negocios internacionales

Las decisiones de crecimiento se enfrentan, como hemos visto, con la opción de abordar nuevos mercados. Sin embargo, los desafíos de ingresar a nuevos mercados geográficos pueden variar mucho según se trate de nuevos mercados en el mismo país donde una empresa concentra sus negocios o en otro. Si ir a un nuevo mercado dentro del mismo país

183

impone desafíos organizacionales no menores, pasar a mercados internacionales incrementa exponencialmente dichos desafíos.

Ya Vernon, en 1966[3], destacaba que ir a mercados internacionales suele ser una respuesta lógica a las presiones competitivas que enfrenta un negocio al entrar en la etapa de madurez. Aquí la estrategia consiste en buscar países donde la industria aún no haya alcanzado la etapa de desarrollo y replicar en esos lugares el modelo de negocio aplicado con éxito en el país de origen. El Diagrama 7.3 ilustra el ciclo de vida internacional de la industria.

Sin embargo, raras veces un modelo puede replicarse en otro país sin necesidad de ser adaptado. Diferentes marcos regulatorios, preferencias de los consumidores y tamaños de mercado imponen, desde el inicio, restricciones a la duplicación del modelo. Por ello, cuando se busca crecer, es necesario hacer un muy buen análisis de la cadena de valor de la organización, con una adecuada comprensión de los *drivers* de valor y evaluar con precisión la distancia entre naciones.

Pankaj Ghemawat identifica dos *drivers* básicos de valor en el proceso de expansión internacional: *arbitraje* y *agregación*[4]. Se dan posibilidades de *arbitraje* cuando los recursos o las capacidades de un país son fácilmente trasladables a otro país. El objetivo de una estrategia de arbitraje es aprovechar las ventajas comparativas que brinda un país (por ejemplo, su localización, especialización de la mano de obra, costos) para concentrar allí parte de la cadena de valor de un negocio internacional. El otro *driver* alternativo es la *agregación*. En este caso, en vez de buscar los lugares en donde especializar parte de la cadena de valor, se intenta encontrar espacio para uniformizar las funciones a nivel global.

3. Vernon, R.: "International Investment and International Trade in the Product Life Cycle", *Quarterly Journal of Economics*, 80, 1966.
4. Ghemawat, P.: "The Forgotten Strategy". *Harvard Business Review*, November, 2003.

¿Qué actividades de la cadena de valor pueden considerarse globales? La respuesta a esta pregunta permitirá aprovechar economías de escala o de alcance a nivel global.

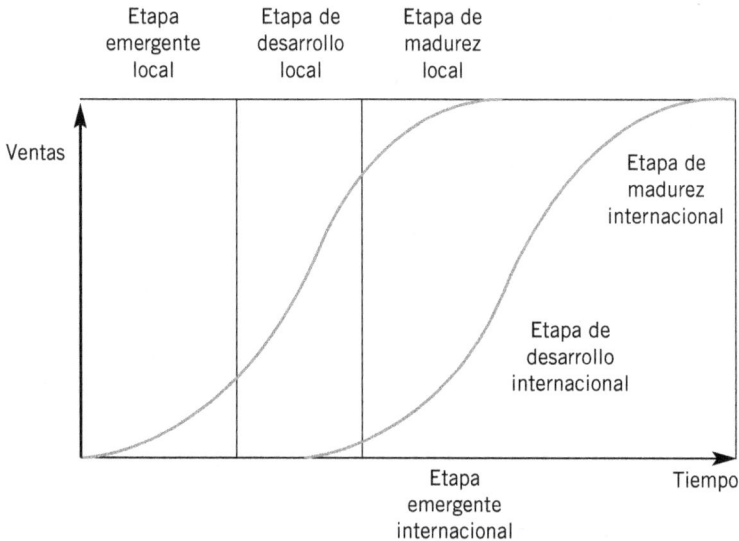

| Etapa emergente local | Etapa de desarrollo local | Etapa de madurez local |

Ventas

Etapa de madurez internacional

Etapa de desarrollo internacional

Etapa emergente internacional

Tiempo

Diagrama 7.3. Ciclo de vida internacional de la industria.

Estos *drivers* de valor están en estrecha relación con la distancia entre países. Las grandes distancias tienden a favorecer el arbitraje, mientras que las cortas tienden a favorecer la agregación. Ghemawat identifica en su modelo CAGE[5] cuatro dimensiones de la distancia que las organizaciones deben tener en cuenta al hacer negocios internacionalmente: cultural, político-administrativa, geográfica y económica. Una inadecuada comprensión de estas distancias puede llevar a las organizaciones a evaluar incorrectamente el atractivo de un mercado internacional:

- **La distancia cultural** entre el país de origen de la empresa que busca internacionalizarse y el país al que

5. Ghemawat, P.: "Distance Still Matters", *Harvard Business Review*, September,, 2001.

185

busca expandirse reside en la existencia de diferentes idiomas, características étnicas de la población, religiones y normas sociales. Los productos atados a cuestiones culturales (como los contenidos televisivos), usos y costumbres (por ejemplo, alimentos) y normas específicas compartidas (por ejemplo: el tamaño de los automóviles, el consumo de combustible, etc.) serán menos trasladables sin modificaciones de un país a otro.

- **La distancia político-administrativa** resulta de los aspectos compartidos de la historia y la forma de gobierno de cada país. Los países que han tenido un mismo colonizador serán más próximos en el aspecto político-administrativo que aquellos que carezcan de este vínculo. Compartir una misma moneda o tener políticas gubernamentales similares, del mismo modo, hacen más sencillo el traslado de productos y servicios entre países sin grandes modificaciones.

- **La distancia geográfica** no solo se refiere la distancia física entre países, sino también a aspectos tales como la facilidad de acceso de un país a otro (a través de ríos u otros tipos de comunicaciones), el tamaño relativo entre ellos y las diferencias climáticas. La distancia geográfica afecta la comercialización de productos que tengan un bajo valor agregado por peso (como el cemento), que sean frágiles, o que requieran una importante infraestructura de comunicaciones y capacidad de conexión (por ejemplo, servicios financieros).

- **La distancia económica** está dada fundamentalmente por diferencias en el poder adquisitivo de los consumidores de cada país, y en el costo relativo de los insumos, ya sean recursos naturales, financieros, humanos, de infraestructura y de información. Las industrias que estén muy atadas a las economías de escala encontrarán difícil florecer en países donde la distancia económica sea muy grande en comparación con el país de origen del proveedor.

7.5. El crecimiento dentro de Latinoamérica

Hemos hablado sucesivamente en este capítulo acerca del papel de las distancias, tanto en cuanto al grado de diversificación como al de los negocios internacionales. Las empresas latinoamericanas están intentando posicionarse regionalmente y en el mundo. A partir del modelo de distancias de Ghemawat, las empresas buscarían crecer inicialmente en Latinoamérica para luego expandirse de forma global. Aquí se plantea una pregunta central: ¿cuán próximos (o lejanos) están los países latinoamericanos a la hora de hacer negocios? Si soy una empresa con origen en la región, ¿a qué países me conviene ir primero para expandirme internacionalmente? Veamos algunos estudios que nos ilustran al respecto y nos permiten inferir la secuencia de internacionalización dentro de la región.

Hatum, Friedrich y Mesquita[6] estudiaron los estilos de gestión de altos ejecutivos en cinco países de la región –Argentina, Brasil, Colombia, Chile y México– a lo largo de siete dimensiones, y encontraron distancias significativas. Los argentinos, por ejemplo, parecen valorar las estructuras jerárquicas definidas, la autoridad formal y el respeto a las líneas de mando en sus organizaciones, mientras que los colombianos prefieren las estructuras planas. A los colombianos, asimismo, los motiva el trabajo en equipo y el hecho de compartir los logros profesionales, mientras que los brasileños demostraron ser los más individualistas. Sin embargo,

---

6. Hatum, A.; Friedrich, P. y Mesquita, L.: "Más allá de los estereotipos: Decodificando los estilos de gestión en América Latina", *Harvard Business Review América Latina*, June, 2006.

187

Colombia y Brasil se encuentran entre los países que más lugar en puestos de mando otorgan a la mujer, mientras que México se perfila como el país donde existe el mayor sesgo por género. México también es el país donde mayor importancia parece tener una planificación estratégica anticipada, mientras que en Brasil y la Argentina abunda la espontaneidad y el ajuste constante de los planes. De este estudio se desprende, por ejemplo, que para una empresa chilena, Argentina representa un salto relativamente cercano mientras que Brasil plantea la mayor distancia en la región.

No solo los ejecutivos de empresas presentan distancias en nuestra región, también las hay en los consumidores. Hatum, Silvestri y Vassolo[7] exploraron las particularidades del consumidor de medios y entretenimiento en Buenos Aires y San Pablo, y encontraron distancias relevantes tanto en actitudes como en acciones efectivas y deseos. En particular:

- **Difiere la concepción del entretenimiento**. Los consumidores de la base de la pirámide interpretan y viven el entretenimiento en forma marcadamente distinta en Buenos Aires que en San Pablo. En Buenos Aires, los consumidores de la base de la pirámide asocian entretenimiento con actividades concretas, mientras que en San Pablo se lo considera más como sensaciones y sentimientos que ayudan a construir una idea particular de calidad de vida. Asimismo, los porteños tienden a concentrar el entretenimiento durante el fin de semana, mientras que los paulistas lo extienden a lo largo de toda la semana.
- **Difieren las actitudes a lo largo del ciclo de vida del consumidor**. Se nota en Buenos Aires un aumento de la resignación y una disminución marcada de la capa-

7. Hatum, A.; Silvestri, L. y Vassolo, R.: *Organizational identity as an anchor for adaptation: An emerging market perspective.* Academy of Management Annual Meeting, Anaheim, 2008.

cidad de soñar en los consumidores adultos, mientras que en San Pablo esta última tendencia es netamente menor. Se infiere que las crisis sufridas por los argentinos en los últimos veinte años han afectado profundamente a las emociones de las personas adultas de este segmento, muchas de las cuales se han visto obligadas a descender de estratos socioeconómicos medios a bajos. En Brasil, la identidad y la dignidad de los individuos de la base de la pirámide se mantiene. Los grupos sociales estudiados en San Pablo consideran el entretenimiento como una oportunidad para la integración social, son intensamente ecologistas y buscan en la diversión elementos culturales que sumen aportes a la formación de cada persona.

- **Difiere la relación con la tecnología.** Los jóvenes de la base de la pirámide comparten con sus pares de altos ingresos un uso intensivo de la tecnología y la música. Internet; el teléfono celular y los reproductores de MP3 dan a los jóvenes de bajos recursos un sentido especial de inserción en la sociedad al compartir una misma cultura. Este fenómeno viene en parte impulsado por un declive progresivo en el costo del acceso a la tecnología. Las diferencias entre los segmentos socioeconómicos se profundizan en los adultos con hijos. Sus pares de mayor poder adquisitivo han entrado en contacto con la tecnología a través de sus estudios y su trabajo, y rápidamente la han incorporado a su espacio de entretenimiento personal. Los adultos de bajos recursos no han tenido estas experiencias, y prefieren plataformas menos complejas como la televisión, el DVD y la radio. Si bien este análisis es común tanto para Buenos Aires como para San Pablo, el estudio reveló que los paulistas de la base de la pirámide presentan mayor confianza en el manejo de la tecnología que los porteños, y aspiran a poseer aparatos tecnológicos más sofisticados como los reproductores de MP4.

- **Difieren las preferencias según el sexo.** La asociación de entretenimiento con tecnología es mayor en consumidores de la base de la pirámide de sexo masculino. Los hombres buscan acceder a aparatos complejos y exploran con más intensidad la diversidad de funcionalidades disponibles. Las mujeres sienten más afinidad por experiencias de entretenimiento que les aporten oportunidades de desarrollo personal. Otra diferencia importante entre los sexos se presenta en la variedad de actividades de entretenimiento que cada individuo prefiere. Mientras que los hombres de bajos ingresos tienden a centrarse en unas pocas actividades a las que los une un gran compromiso, las mujeres tienden a integrar en su menú de entretenimiento una amplia variedad de actividades, se prestan más a experimentar con opciones nuevas y emprenden con igual entusiasmo actividades sociales o individuales. Nuevamente, estos resultados son similares tanto en Buenos Aires como en San Pablo. Sin embargo, el estudio reveló que si bien los hombres en ambas ciudades presentan hábitos similares, las mujeres paulistas tienen mayor confianza en el manejo de la tecnología que las porteñas.

Estos estudios indican, *a priori*, que existen bases compartidas entre países, pero que las particularidades locales no deben dejarse de lado al plantear estrategias de crecimiento. La adquisición de un competidor con fuerte posicionamiento local o la alianza con una empresa ubicada en un eslabón complementario de la cadena de valor puede ayudar a adquirir el conocimiento local necesario para adaptar con éxito una propuesta a nivel regional.

CAPÍTULO 8

COHERENCIA SISTÉMICA

En este último capítulo, desarrollaremos el concepto de coherencia o *fit* dentro del marco de la estrategia corporativa. ¿Qué es la coherencia? Es el estado en el cual la organización formula y aplica su estrategia en forma efectiva para hacer frente a cambios en el entorno y así asegurar su sustentabilidad en el tiempo, y lo hace manteniendo conscientemente un hilo conductor entre su pasado, su presente y su futuro.

Es un estado de *readiness*, o sea, de estar listos para hacer frente al cambio siendo conscientes de quiénes somos hoy como organización.

Cuando las empresas carecen de coherencia, se desvirtúa su esencia misma, su misión pierde sentido. De ahí en más, el norte a la luz del cual todas las decisiones deben evaluarse deja de cumplir su principal función. Sin coherencia, por lo tanto, una organización tarde o temprano verá seriamente comprometida su permanencia en el tiempo.

8.1. Distintos niveles de coherencia

A partir de los conceptos y herramientas que hemos desarrollado a lo largo del libro, plantearemos dos niveles fundamentales de coherencia: interno y externo. La *coherencia interna* se refiere al grado en el cual la identidad de la organización, su estrategia y su estructura o diseño se encuentran alineados. La *coherencia externa* representa el grado en el cual estos tres elementos son adecuados para competir en sus entornos macro (país) y micro (sector), dadas sus características particulares. El Diagrama 8.1 ilustra estos conceptos.

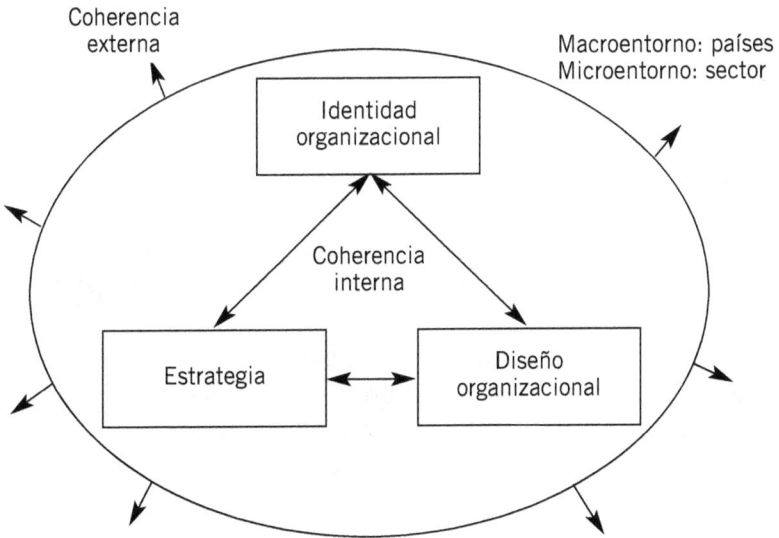

Coherencia
externa

Macroentorno: países
Microentorno: sector

Identidad
organizacional

Coherencia
interna

Estrategia

Diseño
organizacional

Diagrama 8.1. Niveles de coherencia.

El escenario ideal, claramente, es aquel en el cual la organización goza de coherencia tanto interna como externa. Llamaremos a este escenario *coherencia sistémica*. Los elementos centrales que definen a la organización (identidad, estrategia y estructura) se refuerzan unos a otros y constituyen en conjunto una configuración o arquitectura adecuada para competir en el sector y el país elegidos. Cuando pensamos en las coherencias interna y externa, entendemos a la organización como un *conjunto de elecciones interdependientes*. Esta interdependencia determina que, cuando un elemento se encuentra fuera de equilibro, se ponga en riesgo a todo el sistema. En las próximas páginas analizaremos la relación entre la identidad, la estrategia, la estructura y el entorno en mayor grado de detalle.

8.1.1. Coherencia interna entre la identidad y la estrategia

Toda organización debe guardar coherencia entre su identidad o misión organizacional y su estrategia, es decir, entre lo que la organización dice ser y lo que efectivamente hace. Esta es la primera dimensión de la coherencia interna. Una organización internamente coherente es aquella en la que los impulsos estratégicos se ordenan bajo el paraguas del propósito que da origen a la organización misma.

Asegurar esta coherencia es una tarea compleja que puede presentar costos. Al momento de explorar y de determinar nuevas direcciones estratégicas para la organización, la identidad actúa en dos sentidos, muchas veces antagónicos. Por un lado, alerta respecto de impulsos estratégicos que resulten ajenos a la misión, desalentando inversiones en áreas aparentemente lucrativas, pero conflictivas con el entendimiento de quiénes somos como empresa. Por el otro, puede actuar como fuente de inercia, al no permitirnos reconocer oportunidades más allá de lo inmediatamente conocido. El Cuadro 8.1 presenta ejemplos ilustrativos.

The Walt Disney Company	Disney es, tal vez, una de las empresas en el mundo que más celosamente cuidan su identidad organizacional.

Dada la asociación que la marca Disney tiene con valores cercanos a la familia, resultaría extraño ver a esta organización expandir su negocio de turismo (que incluye hoteles, cruceros y parques, entre otras propiedades) hacia el negocio de los casinos, por más que esta alternativa resulte, en términos objetivos, redituable. La distancia que existe entre la identidad de la organización y este posible impulso estratégico es demasiado grande como para que la compañía se arriesgue a implementarlo.

Sin embargo, Disney ha incursionado en negocios relativamente distantes de su identidad como empresa de entretenimiento. En China, por ejemplo, Disney ha abierto un importante número de institutos de enseñanza de idioma inglés para niños. Esta iniciativa responde al gran valor que los consumidores chinos asignan a la educación, y ha sido un éxito. Sin embargo, en términos de su relación con la identidad organizacional, este impulso estratégico ha enfrentado a Disney con preguntas sensibles. ¿Cuán involucrados deben estar los personajes tradicionales de Disney en la enseñanza? ¿Cuál será el formato de los cursos y qué rol jugará el entretenimiento en el proceso de aprendizaje? Estas definiciones tienen un alto impacto sobre la coherencia entre la identidad y la implementación de la estrategia.

Cuadro 8.1. Coherencia entre identidad y estrategia.

Puede inferirse, entonces, que una vez formulada e implementada, la estrategia tendrá algún impacto sobre la identidad: en algunos casos, la reforzará; en otros, planteará ajustes. Esto es así porque las empresas, al igual que las personas, son en la acción y, por lo tanto, la acción las afirma y las transforma. Si la organización elige seguir una determinada estrategia y no otra, aprenderá de un modo distinto que si hubiera optado por otras opciones. A partir de allí, los impulsos estratégicos que seguirá estarán basados en este aprendizaje particular. Llevando este proceso al infinito, vemos que la identidad no es un concepto estático, sino que ciertos elementos que la componen pueden variar en el tiempo. Gustafson y Reger[1], por ejemplo, pro-

---

1. Gustafson, L. T. y Reger, R. K.: *Using organizational identity to achieve stability and change in high velocity environments.* Academy of Management Proceedings: 1995, pages 464-468.

ponen que la identidad está compuesta de dos grupos de elementos: unos centrales y permanentes, y otros periféricos y cambiantes. El foco en el cuidado del medio ambiente, por ejemplo, es un elemento presente hoy en día en la identidad de muchas empresas que hace veinte años no lo hubieran contemplado. Este proceso de actualización de la identidad es importante mientras no haya inconsistencias –o, peor aún, quiebres– entre lo que somos y lo que hacemos como organización. Las inconsistencias pueden pasar desapercibidas, hasta que un día la empresa se enfrenta con una versión de sí misma que nada tiene que ver con su misión. Comprenderse en esta situación lleva comúnmente a las empresas a implementar programas de cambio radical y reinvención para volver a alcanzar la coherencia. Estas medidas pueden resultar altamente traumáticas. Estrategia e identidad están en estado de coherencia cuando los impulsos estratégicos permiten a la organización refinar y enriquecer de manera progresiva su entendimiento de sí misma, y en el que la identidad actúa como motor para el desarrollo y la adaptación organizacional a lo largo del tiempo.

8.1.2. Coherencia interna entre la estrategia y el diseño

La coherencia entre la estrategia y el diseño organizacional resulta de especial importancia en varias dimensiones que hacen al éxito organizacional. En principio, la coherencia entre estos dos elementos clave de la organización es necesaria para asegurar que el proceso de transición entre la formulación y la implementación de los impulsos estratégicos sea adecuado. La estructura debe ser un *reflejo operativo* de la estrategia: debe "traducir" a la estrategia en términos de áreas y equipos, líneas de autoridad, canales de comunicación, e incentivos para que este pase de ser un plan a ser acción.

Las decisiones que involucra el diseño de la estructura no son triviales. La alta dirección debe definir las dimensiones que regirán a la estructura de acuerdo con la configuración que dé mejor soporte a la implementación de la estrategia. Diseñar una estructura consiste en tomar dos tipos de decisiones: unas relacionadas con la *agrupación* de funciones, y otras con la *interconexión* de las funciones. La idea es que funciones que estén íntimamente relacionadas entre sí (o sean muy dependientes unas de otras para la realización de determinadas tareas) se ubiquen dentro de un mismo grupo o área, mientras que funciones más distantes caigan dentro de áreas distintas. Las áreas de la organización deben ser luego relacionadas: algunas serán conectadas a través de líneas de reporte directas, otras tendrán conexión indirecta, y otras permanecerán sin conexión en absoluto. Si bien existen múltiples maneras de diseñar estructuras organizacionales, mencionamos aquí la clasificación que preferimos:

Estructuras simples: resultan adecuadas en organizaciones que tienen una línea de productos no muy amplia y un tamaño no muy grande. En general, las estructuras simples tienen forma *funcional*: agrupan a personas y equipos alrededor de actividades o tipos de conocimiento específicos (por ejemplo, finanzas, marketing y ventas, producción o manufactura, recursos humanos, etcétera).

Estructuras modulares: son adecuadas en empresas que posean un amplio portafolio de negocios. En ellas no existen grandes fuentes de sinergia, de manera que cada módulo puede ser gestionado en forma relativamente autónoma del resto. En general, las estructuras modulares tienen forma *divisional*: agrupan a personas y equipos bajo una lógica determinada (por ejemplo, un producto o una zona geográfica). Cada división tiene sus propias áreas funcionales, aunque pueden existir departamentos de servicios compartidos que sean responsables de funciones comunes (pero no centrales) a todas las divisiones. La gestión de negocios modulares tiende a ser vertical: el objetivo de cada división es penetrar su mercado específico lo más profundamente posible, y el éxito organizacional se define como la simple suma de los resultados obtenidos por cada división.

Estructuras integradas: resultan adecuadas en empresas cuyo portafolio de negocios es amplio y existen significativas fuentes de sinergia. En general, las estructuras integradas son *matriciales:* combinan dos o más dimensiones del negocio (por ejemplo, producto y geografía), de manera que las personas o grupos que se encuentran en la intersección de estas dimensiones tengan responsabilidad directa o indirecta por obtener resultados en ambas. La gestión de negocios en estructuras integradas tiende a ser horizontal. La presencia de fuertes sinergias entre negocios hace que los miembros de la organización deban colaborar frecuentemente, y esto provoca que el éxito organizacional sea más que la mera suma de sus resultados individuales.

El cuadro 8.2 presenta ejemplos de estructuras modulares e integradas.

General Electric	General Electric (GE) es tal vez la **organización modular** por excelencia. Una de las empresas más diversificadas del mundo, GE mantiene unidades de negocios relativamente autónomas en sectores tan diversos como la industrias aeronáutica, de equipamiento médico, bancaria y de plásticos. Cada unidad es administrada verticalmente, y presenta un bajo grado de colaboración con el resto. En tiempos de Jack Welch, cada unidad recibió el mandato de crecer hasta ocupar la posición número 1 o 2 en su respectiva industria. Años más tarde, para incentivar aún más el crecimiento, el mismo Welch instó a los líderes de cada unidad a redefinir su negocio de manera que el tamaño de la unidad representara solo el 5% de esa nueva industria redefinida.
The Walt Disney Company	Varias veces a lo largo del libro nos hemos referido a la **configuración integrada** de Disney en Latinoamérica. En lugar de gestionar verticalmente sus unidades de negocio (películas, productos de consumo, televisión, y medios digitales, entre otras), Disney trabaja en la región con un foco horizontal en la propiedad intelectual de la compañía: sus personajes.

Es así como ciertas unidades de negocio tuvieron más preponderancia que otras en algún momento de la historia de la compañía. Por ejemplo, a principios de los años 2000, la alta dirección definió que el negocio más importante para Disney en la región sería Disney Channel, el único medio que da acceso a Disney a los hogares de gran cantidad de consumidores. Todas las unidades de negocio trabajaron para asegurar que Disney Channel fuera un éxito, pues sabiendo que, una vez instalado, el canal les proveería oportunidades de publicitar el resto de los productos que componen el portafolio de Disney.

Cuadro 8.2. Ejemplos de estructuras modulares e integradas.

Vale la pena destacar que ninguna estructura es perfecta. La alta dirección debe tomar las decisiones asociadas con el tipo de estructura que tendrá la organización, sabiendo que las áreas e interconexiones que resulten de ese diseño determinarán, entre otras cosas, los vínculos formales e informales que surgirán entre las personas, y el modo en el que la organización generará, acumulará y transferirá conocimientos relacionados con el negocio. En última instancia, las decisiones de agrupación e interconexión que hacen a la estructura determinarán el grado en el cual la organización será capaz de llevar a la práctica su estrategia.

Parece una obviedad remarcar que estrategia y estructura en una empresa deben estar alineadas, pero sorprende ver con cuánta frecuencia esto no es así en el mundo empresarial. Uno de los factores que contribuyen a la falta de coherencia entre la estrategia y el diseño organizacional tiene que ver con la velocidad con que se producen cambios en el entorno. Cuando el entorno es muy dinámico, la estrategia se reformula y ajusta constantemente, y esto conduce a la implementación de frecuentes reorganizaciones de la estructura. Visto desde esta perspectiva, cuidar la coherencia entre la estrategia y la estructura en forma intertemporal ayuda a la organización a incrementar la efectividad y rapidez de los procesos de adaptación frente a desafíos del contexto.

8.1.3. Coherencia externa

La coherencia externa representa el grado en el cual la estrategia de la organización, su estructura y su identidad son adecuadas para competir en el sector y el país que constituyen el entorno de la organización. Al pensar en la coherencia externa, nos preguntamos si el conjunto de decisiones interdependientes que hacen a la configuración de la empresa permitirá alcanzar el éxito organizacional en los espacios en los que la compañía ha decidido competir. Las organizaciones que actúan en una variedad de industrias y/o en diversos países enfrentan desafíos de coherencia externa no menores, ya que se multiplica la cantidad de factores de cambio (tecnológicos, competitivos, institucionales y sociales, entre otros) a los que están expuestas.

Para las compañías multinacionales, un dilema importante asociado a la coherencia externa consiste en definir a qué nivel plantearán su configuración: local, regional o global. Esta decisión es independiente de la expansión geográfica de la empresa, la cual puede asimismo ser local, regional o global. Respecto de su configuración, la organización deberá preguntarse: ¿hasta qué punto es posible implementar a nivel local una estrategia definida a nivel global o regional, sin introducir cambios sustanciales? ¿Es correcto replicar la misma estructura organizacional en todos los entornos? ¿Cómo puede una identidad global adaptarse al ámbito local y generar vínculos con consumidores ostensiblemente disímiles?

Al afianzarse el proceso de globalización a principios de los años 90, tomó fuerza la idea de que los consumidores tenderían a converger en sus preferencias, independientemente de su origen, su historia y sus gustos tradicionales[2]. Hacia el comienzo del nuevo siglo, muchas estrategias

---

2. Levitt, T.: "The Globalization of Markets", *Harvard Business Review,* May-June, 1983, Vol. 61 Issue 3, pages 92-101.

basadas en esta presunción habían fracasado[3]. En el mundo globalizado, los consumidores no solo buscan pertenecer a una comunidad global, sino también rescatar aspectos de la cultura local que marcan su identidad. Hoy, las empresas deben definir qué aspectos de su identidad, su estrategia y su estructura se ubicarán en cada uno de los niveles –local, regional y global–, y cómo armonizar las interrelaciones entre cada uno de ellos.

No solo existen desafíos asociados a la armonización de estos tres niveles, sino que dentro de un mismo país o región existen diferencias sustanciales. En regiones como Latinoamérica, donde la sociedad está altamente fragmentada, pocas son las empresas que pueden sobrevivir dirigiendo su producción exclusivamente a los segmentos más acaudalados. La mayoría de los productos debe llegar a toda la población para que su elaborción y comercialización resulten rentables. Los consumidores ubicados en la base de la pirámide socioeconómica (es decir, aquellos con bajos recursos) difieren de los que se hallan en su vértice (los más acaudalados) en varios sentidos. No utilizan los mismos medios de comunicación, lo cual complica la asignación de pautas publicitarias; no tienen el mismo tipo de acceso al sistema bancario o a instrumentos financieros de crédito, lo cual determina que una gran porción de sus compras será al contado o financiada por el canal minorista; finalmente, no gozan de la misma movilidad, lo cual implica que la localización de las tiendas y la distribución de los productos deberán ajustarse a zonas de alto tráfico con incidencia de transporte público, por nombrar tres diferencias salientes. La organización debe generar capacidades tendientes a dialogar con el consumidor independientemente del segmento al que pertenezca, fomentar el contacto y el conocimiento

---

3. Prahalad, C. K., y Lieberthal, K.: "The end of corporate imperialism". *Harvard Business Review*, August, 2003, Vol. 81, Issue 8, pages 109-117.

de cada perfil, y pensar estrategias para captar mercado tanto en los niveles superiores de la pirámide como en los inferiores, sin canibalizar el negocio en uno u otro sentido ni afectar su identidad organizacional.

8.1.4. Coherencia sistémica

Tal como la hemos definido anteriormente, la coherencia sistémica es el estado en el cual la organización goza de coherencia tanto interna como externa, es decir que su identidad, su estrategia y su estructura constituyen, en conjunto, una configuración o arquitectura que resulta apropiada para competir en los entornos macro y micro elegidos.

Las herramientas de análisis estratégico que hemos descrito a lo largo del libro son instrumentales para asegurar que la organización alcance y mantenga su coherencia sistémica a lo largo del tiempo. De la definición de la identidad y la estrategia se desprenderán las capacidades que la organización necesita para competir hoy, y aquellas que le será necesario generar o adquirir en el futuro. De la definición de su estructura se desprenderá el potencial de la organización llevar a la práctica y hacer rendir estas capacidades. A la vez, el análisis de la industria y del entorno institucional son centrales para asegurar la coherencia externa.

El éxito organizacional es, en última instancia, el logro de la coherencia sistémica a lo largo del tiempo: el desarrollo de una organización cuya identidad se centre en aquello que hace a esa organización única e irrepetible, cuya estrategia lleve a sus miembros a lograr su misión y perfeccionarla, y cuya estructura les permita aprender y desarrollarse orientados a ese fin, en armonía con su entorno y conscientes de sus desafíos.

PARTE III. RESUMEN

Los últimos tres capítulos de esta obra completan las herramientas necesarias para realizar diagnósticos y formulaciones estratégicos. En el Capítulo 6, se vieron los instrumentos para diagnosticar la situación competitiva del portafolio de negocios de la organización.

- La matriz de atractividad es la herramienta recomendada para determinar la situación competitiva de los negocios.
- Los negocios, tomados individualmente, dan una idea de cuán joven o envejecido está el portafolio de la organización.
- No alcanza con estudiar los negocios individualmente, es necesario evaluar hasta dónde "el todo es mayor que la suma de las partes". Para eso, se hace necesario analizar las sinergias estáticas y dinámicas de los negocios.
- Para empresas que compitan en economías emergentes, el análisis sobre la conveniencia de tener ciertos negocios dentro de un portafolio debe exceder las consideraciones de mercado e incorporar el entorno institucional.

El Capítulo 7 se enfrenta con la problemática del crecimiento organizacional. Las notas centrales para su estudio han sido:

- El crecimiento comprende dos decisiones centrales: el tipo de crecimiento (esto es: cuán relacionados estarán los nuevos negocios con los actuales) y el modo de crecimiento (lo haremos con recursos propios, buscaremos alianzas o intentaremos adquisiciones).
- Cuando analizamos el tipo de crecimiento, encontramos que existe un punto óptimo de diversificación;

más allá de él, seguir incorporando negocios se destruye más valor del que se crea.

- El modo de crecimiento puede variar de acuerdo con el momento del ciclo de vida en que se encuentre el negocio. Las adquisiciones surgen como consecuencia de dos motivos muy diferentes: acelerar la cobertura de mercado o ganar en escala. Las que responden al primer motivo son características del ciclo de desarrollo de la industria, mientras que las que responden al segundo son más propias de la etapa de madurez de la industria.

En el Capítulo 8 introdujimos el concepto de coherencia sistémica. La misma fue entendida como el resultado de lograr en la organización coherencia interna (el grado en el cual la identidad de la organización, su estrategia y su estructura o diseño se encuentran alineados) y externa (el grado en el cual los elementos de coherencia interna constituyen una configuración adecuada para competir en los entornos nacionales y sectoriales en los que se desenvuelve la organización).

ACERCA DE LOS AUTORES

ROBERTO S. VASSOLO

Es profesor del área académica Política de Empresa en el IAE, centrado en los cursos de Dirección Estratégica. Obtuvo su doctorado en Management Estratégico en la Purdue University, posgrado en Economía en la Universidad Di Tella y su licenciatura en Economía en la Universidad Católica Argentina.

Sus campos de investigación abarcan la dirección estratégica en entornos de alta incertidumbre y la problemática de las estructuras regionales.

Ha presentado sus investigaciones y es miembro de la Academy of Management, la Strategic Management Society y la IberoAmerican Academy of Management. Es miembro del consejo editorial de la *Academy of Management Review* y de Management Research, y es revisor permanente de múltiples revistas científicas como *Strategic Management Journal* y *Academy of Management Journal*. En estas dos últimas ha publicado varias de sus investigaciones.

Recibió el premio Technology Transfer Dissertation Award y fue nominado en 2001 para el premio Booz Allen Hamilton/SMS a la mejor investigación en la conferencia anual de la Strategic Management Society de San Francisco.

Es autor de numerosos trabajos de investigación, monografías y artículos, y ha desempeñado tareas de consultoría estratégica y organizacional en distintas empresas nacionales y multinacionales.

En la actualidad, es director de Investigación del IAE, director del Área de Política de Empresa y responsable del programa doctoral.

También es investigador adjunto del CONICET.

LUCIANA SILVESTRI

En la actualidad se encuentra cursando el programa doctoral en management en Harvard Business School. Obtuvo su MBA *summa cum laude* en IAE Business School y su licenciatura en ciencias empresariales en la Universidad Austral.

Su investigación se desarrolla en la intersección de los campos de la estrategia, el diseño y la identidad organizacionales. Está especialmente interesada por los temas relacionados con la presencia de ambigüedad o paradojas entre dichos elementos, y por la búsqueda de coherencia entre lo que las organizaciones hacen y cómo se autodefinen.

Ha presentado sus investigaciones en las conferencias anuales de la Academy of Management, la Strategic Management Society y la IberoAmerican Academy of Management.

Antes de su ingreso al mundo académico, fue consultora para la práctica de Human Performance en Accenture, una de las empresas de consultoría de management más prestigiosas del mundo. Allí se especializó en aprendizaje organizacional con diseño de simulaciones actitudinales y transaccionales, y en diseño organizacional con implementación de servicios compartidos.

También fue consultora en Aventeon, un start-up con sedes en Munich (Alemania), Seattle (Estados Unidos) y Bangalore (India) dedicado al diseño e implementación de soluciones móviles para grandes empresas.

www.ingramcontent.com/pod-product-compliance
Lightning Source LLC
Chambersburg PA
CBHW060555200326
41521CB00007B/573